上海高校"美术学"高峰学科建设项目

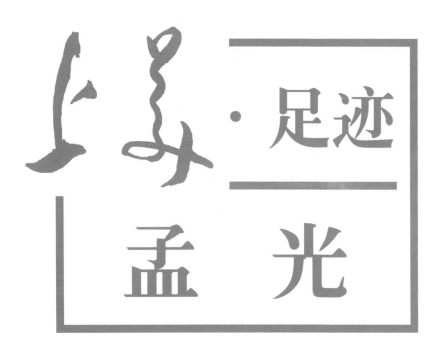

刘向娟　主编

上海大学出版社

总　序

"上美　足迹"系列丛书记录了上海大学美术学院从 1983 年至 2000 年间的一段学院教育发展史。它真实客观地记录了美院这一段耐人寻味的重组、初创、成长的全过程，以及每一位亲自参与其中的学术骨干和学术带头人的亲身经历。

海上知名美术教育家刘海粟在 1912 年创办了上海美术专科学校，简称"上海美专"。后于 1952 年全国院系大调整时迁入南京，与苏州美术专科学校、山东大学艺术系合并成为现在的南京艺术学院。大部分人都不知道的是，上海大学美术学院与"上海美专"这所曾经享誉海内外的著名艺术院校有着密切的承传关系。1959 年，为顺应当时上海城市建设以及文化发展的需要，上海又成立了一所美术专科学校，简称"上海美专"，创办时定为本科院校，即现在上海大学美术学院（以下简称上大美院）的前身。原"上海美专"的骨干教师唐云、吴大羽、张充仁等成为新成立的"上海美专"国画系、油画系、雕塑系的教学骨干。尽管刘海粟创办的"上海美专"迁离了上海，但其海派美术的精髓却经由颜文樑、周碧初、俞云阶、张隆基、李泳森、哈定、白蕉、胡问遂、潘伯荫、程十发、陈佩秋、江寒汀、涂克、吴大羽、唐云、张充仁、陆抑非、郑慕康、周方白、蔡上国、沈之瑜、丁浩等许多海派美术大师在新"上海美专"的教学中真正地传承了下来，发展至今培养了一批称雄于中国的上海艺术家，并为创立新时代的美术流派奠定了基础。"文化大革命"期间，"上海美专"又转为上海美术学校（中专）。1983 年，为顺应改革开放的城市文化建设需求，上海市政府决定在上海美术学校的基础上成立上海大学美术学院，当时美院是独立法人办学机构。这意味着学院从传统美术教育向顺应城市发展需求的当代美术教育转型。

这套丛书较为完整地记录下了美院转型时期的学术观点、教学方法乃至价值观的冲突等。书中很多内容是以口述历史的方式呈现的，目的是如实、客观地记录相关的历史资料，以便后人在研究这段美院历史时有第一手的佐证资料。

改革开放经济率先，市场经济的逐渐建立，引发了人们多元的需求和活跃的思想，随之，人们的审美需求和价值判断也有了多元化的取向。在计划经济时代，人们的需求是按计划统一配给的，审美是没有选择的，价值判断标准也是唯一的。由于海纳百川的文化积淀，改革开放以来，国内没有一个城市能像上海这样，自然而然地接受和融合开放带来的新思想、新概念，其表现在经济上，是对西方科学理念的迅速接受与消化，表现在文化上则是善于洋为中用。上大美院就是在这样新的历史变革背景下重组成立的。

从"凯旋路"到"上大路"

凯旋路 30 号是上大美院 1983 年重组建院的地址，那里承载着上海改革开放后的百废待兴、城市发展的文化建设愿景和一代美院人的奋斗理想。

如所有院校一样，上大美院的创建初期是从选院长开始的。最初的院长人选是方增先。在宣布出任上大美院院长后，方增先教授因各种原因未到位。最终，邀请中央美院李天祥教授来担任上大美院院长。当时上海美术学校已经聚集了一批实力雄厚的美术创作和教育人才，在绘画方面有孟光、应野平、俞子才、乔木、陈家泠、王劼音、凌启宁、戴明德、周豹健等；在设计方面有张雪父、胡丹苓、曹有成、沈福根、陆光仪等；在专业基础教育方面有陈向、诸玉凤、乐蓓蒂、陆光仪等。在此师资基础上，又从上海出版界引进了李槐之、任意、顾炳鑫、韩和平、金纪发；从油雕院、上海戏剧学院、上海美协引进了章永浩、廖炯模、步欣农、张培础、施忠平等；从全国艺术院校引进了一批骨干教师和优秀毕业生，包括李游宇、周爱兵、张敏、王一先、唐锐鹤、杨剑平、徐建融、潘耀昌、周国斌、黄建平、李超、李晓峰、陈平等。这一批美术英才汇聚于凯旋路 30 号，成为上大美院的重要师资力量。由于美院多为引进人才，他们对美术教育有着各自不同的思路与方法：从艺术院校引进的教师，重视造型基础，坚持学院派的基础训练；从创作单位引进的教师，重视实践能力，坚持以创作带基础训练；而探索当代艺术的教师，则认为过多的传统基础训练束缚了创新。正因为他们在教学理念与艺术风格上都坚持己见，因此掀起了全院的教学讨论和教学改革实验。油画系廖炯模、凌启宁等老师坚守住了学院派的教学体系，培养了赵以夫、梅琳等一批在国际上享有美誉的艺术家。韩和平在艺术研究所结合社会需求以创作带教育，为上海农民画培养了一批传承人。学院与书画出版社合作整理出版中国古代文献，在卢辅圣、徐建融的指导下，带出了凌利忠、汤哲明、单钧等一批传统书画研究者，并为以后成立史论系打下良好的基础。国画系应野平、俞子才、乔木、顾炳鑫等老先生坚持传统教育，陈家泠则主张笔墨技法的创新和进行形式上的探索，而张培础坚持写生的学院派主张，让学生在掌握传统文化的同时开阔视野，独立思考，培养了丁乙、金江波、龚彦等一批在国际上享有盛誉的当代艺术家，还有在国内崭露头角的后起之秀白璎、丁蓓莉、毛冬华等。雕塑系在章永浩、唐锐鹤的率领下，结合上海城市人文环境品质提升，创作了大量城市雕塑，带出了一支基础扎实、勇于承担重大城市雕塑任务、作风过硬的创作、教学队伍。设计系的张雪父、任意在装潢设计、书籍装帧方面发挥了上海商业美术的重要作用，为上海电影、电视节等重大文化品牌活动以及大型企业的视觉形象设计（石化、电视台、东航等）做出了成绩。在张自申的组织和带领下，在国内率先教学改革，实行学分制探索并结合城市建设需要建立环艺、动画专业，为社会服务的同时培养了一批动手能力强、适应行业需求的应用型人才。

张坚作为当时美术学院的党委书记对校园文化建设做了大量工作，从废弃仓库里的上美沙龙，到丝绸之路万里行，再到自娱自乐的舞会、挥洒青春的篮球场、灯火通明的教学楼，凯旋路30号留给美院人太多美好的回忆。这是一个学术争鸣、多元发展、丰富多彩的艺术教育课堂。在那里，为上海改革开放、城市建设培养了一批服务社会的应用型人才，为上海城市文化建设培养了一批领军人才。

1994年，上大美院被并入新上海大学，2000年迁入上大路99号的新校区，成为综合大学中的二级学院。校址新了，离市区远了，规范化的管理也让本来就没时间概念的师生们到点就离校，渐渐的，本该属于艺术创造者的忘我创作热情被慢慢冲淡。上大路99号成为一个"上班"的地方，与凯旋路30号相比，少了一点融洽的人情和学术的氛围，而这些恰是艺术教育的生命力之所在。美院人在统一、规范、标准化管理下，从反感、麻木到顺应，在痛苦中发现了理性的智慧之光，学会和经历了从感性到理性、再从理性出发操控感性表现的认识提升过程，学会了战略思考，在学科布局、专业建设上抓住先机，实现了美术学博士点在上海零的突破，而设计学、艺术学理论博士点的申报成功，也奠定了艺术类研究型大学的基础。我们积极发挥上海大学综合大学的学科优势，开创了在美术院校办建筑系的先河，这是上大的首创，也改变了中国建筑专业只在工科院校办的历史。美术院校办玻璃艺术工作室也是我们的首创，它为各大美术院校培养了一批玻璃艺术专业的骨干教师，可谓是中国玻璃艺术教育的"黄埔军校"。上大美院的交互艺术专业在国内艺术院校中也是名列前茅的，这些全新专业的建立和领先地位的取得，是我们探索艺术与科技结合方面取得的成果。

2009年美院建院50周年之际，结合科学发展观的学习大讨论，对上大美院的历史和现状进行了梳理与总结，提出了"都市美院"的发展定位，提出了"平和包容，敢为人先，追求卓越"的学院精神，提出了"个人生存,事业发展,国家需求"三位一体的治学价值观。同时，还提出美院"形散神聚"的多元发展追求。这些理念与观点已逐渐形成上大美院的文化并被认同。

从凯旋路30号到上大路99号，上大美院经历了从重组、初创到发展、成熟的过程。回首三十余年，有太多的经验教训值得总结。

从"大美术"到"公共艺术"

1983年重组成立之初，上大美院只有绘画、设计两个专业和一个附中，发展至今已有九个专业、五个一级学科、三个一级学科博士点、一个博士后流动站、一个国家级教学实验中心。在三十余年的时间里将上大美院建设成为上海目前学科门类最齐全的美术类专科院校，顺应了上海改革开放30年来经济建设文化发展的需求，并从中抓住了其带给我们的发展机遇，形成了促进事业发展的动力，除此以外，更是依靠学院各专业的老师、学科带头人的不懈努力的结果。

上大美院建院时，李天祥院长提出了"大美术"的办学理念，让美术走出象牙塔为社会服务，在全国艺术院校中率先成立了产、学、研一体化的美术研究所。在这种办学理念的推动下，学院各学科开始探索如何服务社会，当时上海城市雕塑50%以上是由上大美院创作的，此外还承担了北京人民大会堂国宴厅、社会厅的装潢设计等国家重大任务，并与国际合作开发了陶瓷的服装配饰系列产品，远销美国、中东。"大美术"以社会服务需求为牵引，打破了学院与社会之墙、专业与专业之墙、教与学之墙、研究与应用之墙，融合专业、社会各方资源，共同合作，共同发展，形成了上大美院的办学特色。

到20世纪90年代后期，学院将"公共艺术"作为上大美院"211"工程重点学科建设并申报成功。这标志着把"大美术"办学理念形成的特色提升为学科体系建设，由学科特色转化为强势学科。经过了"211"工程的三个五年计划建设，"公共艺术"学科构架已成体系：为本科专业搭建了公共实验教学平台——公共艺术技术实验教学中心（国家级）；为各专业搭建了提升专业能力的学科平台——公共艺术创作中心（上海市艺术重点学科）；为学科服务社会搭建的平台——公共艺术协同创新中心（上海市2011项目）；为学科在公共艺术领域中扩大影响力和构建话语权搭建的国际平台——国际公共艺术奖和论坛（与国际公共艺术协会共同主办）；为学科的学术积累和引领搭建的学术平台——《公共艺术》杂志（国内公共艺术唯一的专业杂志）。五个平台有机地构成了一个以对接本科教育为基础，以服务社会提升学科能力为目的，以扩大影响力、建立学科学术导向，赢得话语权为目标的公共艺术学科建设体系。近年来，在本科教育、学科发展、服务社会、国际影响、学术积累方面发挥了积极的作用，也显著提升了上大美院整体办学能力。在2012年教育部学科评估全国排名中，美术学、设计学、艺术学理论上大美院均为第7名。相比上海的国际影响力和地位来看，我们美院还有很大的提升空间。

从"大美术"到"公共艺术"，是上大美院办学特色和理念的确立过程，是学科建设推进学院发展成长的方法和路径，是从发挥专业优势顺应社会发展需求到主动引领社会发展需求的转变过程，是从参与社会环境改造和经济建设的硬实力建设到深入社区文化建设、提升城市人的自我认同感和审美品质的软实力建设的转变过程。从"大美术"到"公共艺术"的学科发展思路和历程奠定了上大美院良好的学科基础，在改革开放初期和现在的社会转型期都具有现实的指导意义，为上大美院的学科发展指明了方向。

从"上海首届抽象画展"到"约翰·莫尔绘画奖（中国）及作品展"

上大美院从未间断过担当推进上海当代艺术发展历史责任的角色。上海美术界同样经历了中国当代艺术的"85新潮"运动，上大美院也曾经出现过模仿西方当代艺术形式来对当时美术教育提出质疑的作品，学生上街作行为艺术，周铁海、汤光明等中专学生初生牛犊不怕虎，在校园里自发地组织了针对当下时局不同看法的观念艺术、装置艺术展，引发了各界关注。好在很多老先生非常包容，在保护和引导下化解了矛盾冲突。"85新潮"过后的上海美术界不像内地其他地方的当代艺术那样趋于政治化，而是转向了艺术本体的探索和解决艺术语言当代性问题。上大美院从某种程度上说，参与和引领了这一探索艺术本体的潮流。在20世纪90年代初，上大美院聚集一批上海的当代艺术家，举办了上海首届抽象画展，开创了上海当代美术语言探索的先河。学院教师率先投入其中，陈家泠教授从中国传统绘画语言中探索当代语境下的审美表现；王劼音教授探索东、西方表现性语言与构成，结合传统笔墨章法，追求绘画语言在空间的张力；姜建忠教授在学院派的经典表现基础上结合现代表现主义的手法和形式构成，探索建立当代学院派绘画风格。杨剑平、张海平、宋海东、刘建华、夏阳、蒋铁骊等一批雕塑系的老师们代表了上海当代学院派雕塑创作的追求和探索。上大美院的学术创作骨干们的创作形式多样、题材丰富，在作品中渗透着一种浪漫中不乏理性、空灵中不失沉稳的上海特有的艺术气质，已逐步形成了上大美院的艺术风格。于此，也影响了上大美院的美术教育并培养了一批像丁乙、秦一峰、韩峰、王建国、马良、金江波等在当代艺术表现形式探索上取得国内外同行认可的、具有相当影响力的艺术家。

在国际当代艺术从观念、装置、影像又回归绘画表现的趋势转向时，上大美院于2010年与英国约翰·莫尔基金会合作，引进英国已有五十余年历史的约翰·莫尔绘画奖的赛制，在中国设立约翰·莫尔绘画奖，并举办获奖者作品展。希望通过该活动建立中国当代美术与西方当代美术的对话机制，把中国的当代绘画推向国际，让世界了解中国的当代绘画，更重要的是建立国际语境下的中国当代绘画评价标准。在第二届约翰·莫尔绘画奖（中国）举办的同时还创办了约翰·莫尔绘画评论奖。学院希望在这样一个国际平台上建立自身的评价体系，构建当代绘画的话语权，推动上大美院的当代美术教育发展。该奖项活动已成功举办了三届，第一届大奖获得者韩锋是我院的研究生,他的作品从 3000 余幅参赛作品中脱颖而出,终获大奖。这三届获奖作品与英国的获奖作品在英国利物浦双年展期间共同展出,引发了国际当代绘画界的关注和好评。韩锋、李周卫等的作品受英国美术馆画廊邀请办个展,并被国际藏家收藏。

从"上海首届抽象画展"到"约翰·莫尔绘画奖(中国)及作品展"是上大美院在当代艺术创作和教育上探索的过程,是将当代美术从上海地域视野拓展成为国际舞台上参演者立场的方法和目标转变过程,也是从当代美术创作、教育到建立当代美术评价体系,构建国际当代美术话语权的努力过程。经三十余年几代师生的共同努力,上大美院在中国当代艺术创作、教育的探索方面成绩斐然,有目共睹。

作为地处上海的美术学院,我们与上海在国际上的地位和影响力相比还有一定的距离,还需要付出更多努力。

当我们怀念凯旋路的学术氛围时,就应考虑什么样的教育体制、机制能适应师生的学术自主性,让师生成为教育真正的主人。当我们羡慕兄弟院校的发展时,就应更清醒地认清自身的定位,建好自身的学院文化,自信地发展自己的特色,走自己的路。当我们深感上海发展速度对学院学科建设的压力时,就应考虑学科建设如何能进一步引领社会发展,肩负起教育的历史责任。

我从 1982 年到上海美术学校,经历了天津路、凯旋路、上大路三次校址的搬迁,见证了上大美院的重组、创建、发展、成熟的过程。33 年,对于一所学校的历史而言只是弹指一挥间,但对于个人而言却是将一生最美好的时光奉献给了这所学校。上大美院有今天,是有名字在这套丛书中被记载的,或是没有被记载的全体师生员工共同努力奋斗的结果。希望这套丛书能见证这段历史并献给在上大美院工作、学习过的全体师生员工。

2015 年 9 月

目 录

第一章　艺术人生 ······················· 1

　　孟光 教育之光／刘向娟 杨柳 安平 ············· 3
　　我的父亲孟光／孟良 ···················· 9
　　慈爱之光——回忆我的父亲孟光／孟玲 ··········· 11
　　大爱无声——我的父亲孟光／孟小莉 ············ 13
　　忆战友／杨瑛 ······················ 15

第二章　艺术观点 ······················· 17

　　孟光访美国日记（摘录）／孟光 ·············· 19
　　访美演讲辑录／孟光 ··················· 22

第三章　艺术教育 ······················· 25

　　美国艺术教育观察笔记／孟光 ··············· 27
　　素描的一般理论与实践／孟光 ··············· 29

第四章　评论与访谈 ······················ 31

　　孟光时代／陈川 ····················· 33
　　吉光片羽　追忆孟光／陈丹青 ··············· 36
　　对世界充满了爱／陈家泠 ················· 38
　　动荡岁月中的静好／陈伟德 ················ 40
　　天堂般的微笑／陈逸飞 ·················· 42
　　回望　怀念孟光老师／丁荣魁 ··············· 43
　　海上画室，杳然一梦何处寻／《东方早报》 ········· 44
　　永恒的纪念　永远的遗憾／洪丕森 ············· 45
　　缅怀我的恩师——孟光先生／江南春 ············ 47
　　纪念我师孟光／赖礼庠 ·················· 49
　　难忘的记忆／李宝华 ··················· 51
　　我以精神著明花
　　　——读孟光先生的油画艺术／李一青 ·········· 52
　　缅怀恩师／梅林 ····················· 54
　　历史见证／潘胜前 ···················· 55
　　回想起孟光老师／邱瑞敏 ················· 56
　　感恩孟光老师／任丽君 ·················· 59
　　我的丹青岁月／宋正玉 ·················· 62
　　追忆孟光老师／夏葆元 ·················· 64
　　纪念孟光老师／许余庆 ·················· 66
　　心香一缕忆良师／姚进宝 ················· 68
　　77号"诺亚方舟"
　　　——与孟光恩师相处的日子／赵渭凉 ·········· 71
　　拼凑失去的记忆——怀念孟光先生／赵以夫 ········ 76
　　忆恩师孟光先生二三事／周豹健 ·············· 78
　　忆孟光老师二三事／周根宝 ················ 81

第五章　艺术年表 ······················· 85

作品图版 ··························· 89

后记 ····························· 143

孟光先生(1921—1996),别名孟尔顿,江苏常州人。1940年毕业于上海美术专科学校,后参加新四军进行抗战革命工作。中国美术家协会会员。1949年起历任常州美协主席兼文联秘书长、上海市美术学校副校长、上海师范大学艺术系副主任、上海交通大学文学艺术办公室主任、上海大学美术学院教授、上海科学技术大学艺术院院长等职。

第一章 艺术人生

美专老师摄于韬奋楼前,前排左一为孟光老师

孟光　教育之光

刘向娟　杨柳　安平

在中国现当代美术发展史中，尤其是讨论到现代上海的油画艺术传承和当前依然活跃在艺术界的知名油画家的渊源时，一个不时在历史中闪耀出光芒的名字逐渐在人们的视野中清晰起来——他就是中国第二代著名油画家、杰出美术教育家和文化交流使者孟光先生。

在战斗中成长

孟光，1921年9月出生于江苏常州，1940年毕业于上海美术专科学校，当时，上海乃至全国抗日战争已经进入全面相持阶段，甫一毕业，孟光便满腔热情去苏北奔投英勇抗战的新四军，在部队他加入中国共产党，并在新四军一师一旅服务团担任美术组组长。在此期间，孟光运用自己的美术专长，从事文化教育工作与战地后勤工作：画素描、速写，刻木刻宣传画，出宣传画刊，为报纸做美编及插图类工作，在连队和群众中宣传反侵略、保家园、坚定信心、抗战必胜的先进思想文化。除此之外，孟光还曾投入真正的抗战前线，多次和基层连队指挥员一起带领部队攻打日伪军据点。

1942年冬，苏北抗日根据地遭受敌人封锁，形势严峻。在危急关头，孟光服从组织安排，于1943年由部队来到地方，在敌占区进行敌后宣传工作。1943年夏天，孟光进入安徽铜陵县伪政府做宣传工作，在《铜陵日报》上画过许多反法西斯、反侵略的宣传画，并设法帮助被俘的新四军卫生队队长谢月华脱险。他也曾以自己的艺术专长排演过德国名著《阴谋与爱情》，导演过俄国果戈里的《钦差大臣》。在南京组织青年话剧团演出《钦差大臣》等剧目时，由于剧团没有经费，他说服母亲变卖家具衣服，自己出资充作剧团开支。

抗日战争胜利后，国民党挑起内战，国内形势一片混乱，孟光在共产党的领导下在上海积极参加和平民主运动。当时昆明发生了震惊中外的"一二·一惨案"，孟光为上海的公祭大会绘制了一幅于再烈士的遗像，会后举行游行示威，孟光一路领呼口号。

1949年解放军渡江之后，国内形势开始稳定，孟光希望回到自己心爱的美术工作中。他立即到无锡找到陈丕显（当时苏南区党委书记），由区党委宣传部长汪海粟介绍他到常州军管会工作，并担任常州市美协主席。而后，他还担任了常州市中苏友好协会秘书长。年后，孟光来到自己求学之地上海。

美术教学的"学院时期"

1952年起，孟光开始了自己的美术创作和美术基础教育工作，他创办了名为"集体美术研究室"的画室，培养出不少学生。他还利用一些可以利用的机会，让那些想一窥美术殿堂之光的莘莘学子们，进入他的画室甚至家里，探讨丹青，切磋笔墨，观摩素描，研讨色彩。

1959年，孟光执教上海美术学校，在高校进行基础美术教育。陈逸飞、夏葆元、魏景山等都是他的学生。整个20世纪60年代、70年代，他创办的画室成为此后上海画派一枝独秀的肥沃土壤与坚实基础。当时，在上海思南路77号的画室内，孟光常常被学生团团围在中间，同学们看他示范作画、听他讲课，在一个相对激进和混乱的外部环境中，感受艺术宁静、单纯的古典之光。孟光总是认真指导学生们的画作，并常常带学生们去外地写生，他爱惜每一个有才气的学生，因材施教，在每一根线条的调整与韵律间为学生打开一扇通向艺术的大门。他常常一早就出门，忙碌至深夜才回到家中，有时会顾不上和家人吃饭，有时也会留下一两个学生到家中边吃边聊。

从1979年开始，春回大地，中国民众对艺术的渴求达到了一个新的高潮。此时，孟光聚焦素描创作与教学。这一时期，他整理此前关于素描的教学笔记和讲义，整理成《素描教学》一书，编导了电视台中关于"素描"题材的纪录片，开启了采用影像教学片普及艺术教育，进行大众艺术启蒙的尝试。教学影片中，孟光的素描教学过程、细节、体系被生动形象地展示出来。与此同时，陈逸飞的铅笔素描《女中学生》，一一呈现带手半身像作画的步骤；夏葆元的炭精棒老人半身素描，还原出老人脸部的结构与肌理的错综关系；其中还有魏景山的女青年人物头像、赖礼庠的少数民族水墨人物画、赵渭凉与吴健在工地上的动静态速写以及陈丹青在芭蕾舞校以练功少女为对象的速写。该纪录片的拍摄完成后，发行了20多本拷贝至全国各省市各教育机构。一时之间，孟光和他的弟子们分别被邀请至各个院校与创作机构讲学、交流，引发了当年"上海素描"的海内奇观。全新的教学手段，坚实的素描结构，灵动的线条韵律，让尘封许久的大地上，一时传颂起孟光画派、上海素描的美名。这也可看作是孟光在艺术教育上的一大杰作。

1980年初，改革的春风复苏了国人对美的追求。孟光与上海交大党委书记、教育改革家邓旭初关系密切，在范绪箕校长的支持下，中国著名的理工科大学——上海交通大学在1981年破天荒地设立了艺术学科。此事不仅可以看成孟光个人美术教育的"学院时期"的开端，甚至看成艺术与科学的结合在中国高校中复兴也不为过。孟光和吴大羽分别任艺术部正、副主任，戴敦邦任国画组主任，夏葆元任油画组主任。

1983年，孟光任上海美术学校副校长、学校绘画组组长，兼任上海交大美术研究室主任、上海师大艺术系副主任、上海科学技术大学艺术院院长。同时担任上海市第三次文代会代表、上海文史馆馆员等职。

1985年，孟光应美中艺术交流中心的邀请访问美国。他在美国多个大学、教育机构与艺术机构进行讲学和交流，参观访问了大都会博物馆、古根海姆美术馆、纽约现代艺术馆等各个重要的博物馆、美术馆，会见了许多中国裔画家以及上海籍的画家和留学生，与几十位美国艺术家、教授进行了交流。其中有美国家喻户晓的公共环境和现代环境雕塑艺术大师乔治•西格尔（George Segal），美国超级写实主义画家查克•克洛斯（Chuck Close）等。走出国门，让孟光的艺术视界打开一个新的层次，直接促使、影响他此后的绘画探索、艺术风格转型。看到西方所谓"先进"的艺术发展，回国后的孟光更多地把眼光投向中国传统。他把中国画传统技法和写意精神与西方油画的写实相融合，试图呈现中国的水墨韵味的油画表现空间，既有印象派的色泽鲜明，同时又有抽象派的意识。他的这种具有中国精神和意趣的油画，让习惯了社会主义现实主义的公众视觉，看到了一束新奇之光。孟光的作品也开始走出国门，在美国、欧洲和日本多次展出，并获得巨大的反响，中国当代油画的新探索开始受到国际艺术界的关注。

孟光病重期间，仍然惦记着创办一所视觉艺术大学。他想运用1985年访美期间获得的教学感受、此后的教学探索和经验，在高等院校体系中设置油画、国画、雕塑，还有工业设计、电脑制作等学科。当陈逸飞去探望他时，谈及"美术教育基金会"筹建事宜，孟光真心地为这件事感到高兴，他希望能够以此鼓励和帮助有才华且好学的学生。

1996年3月1日下午，孟光在上海瑞金医院逝世，享年75岁。一束明亮的、照耀启蒙了那个特殊年代的艺术之光自此消隐，归入天堂。不久，"孟光艺术基金会"成立。

孟光和艺术家丁浩，摄于复兴公园

崭新的"上海素描"体系

孟光的素描讲究形神兼备，有机统一。无论是素描还是创作，他都从形体特征与精神面貌两方面入手。一方面细致深入地刻画形体的空间感、质感及量感来反映"形"的艺术特征，以简练的笔墨表现对象，以敏锐的眼力和艺术概括能力捕捉人物瞬息即变的状态。另一方面，孟先生通过形体的动作倾向和肌肉伸缩来刻画形体的韵律，利用解剖、透视、明暗规律分析出"形"的思想感情，从而达到"形""神"兼备的有机状态。

明暗交替、虚实相生是孟光十分强调的素描与速写创作之灵。他灵活地运用粗细、浓淡、刚柔、虚实、疏密等具有较强概括力的线条明确地表现形体特征、精神与形象。在以"形体空间"与"色彩空间"来表现空间关系时，他注重物体与物体之间的前后穿插关系、近大远小的透视原则来表现主体空间，通过对事物的结构、精神特征和运动规律的研究，利用明暗对比来刻画色彩空间。孟光先生以"形体空间"与"色彩空间"的完美统一来作为其素描绘画的艺术追求。

在孟光早期的人像素描写生实践中，严格遵循着一定的步骤与方法，从简到繁，由浅入深，从模特的选取、观察，到纸上起稿，从大关系把握，到局部与整体的刻画，步步为营，直到最终完成。在其经历过大体阶段、深入阶段、调整阶段的多次试验后，终于达到了不为方法约束而自如表现对象的自由状态。

孟光师从老上海美专的先辈艺术家们那里继承了民国时期海派文化的精神与上海艺术发展的成就，又吸收了契斯恰科夫素描体系的灵魂，这些造就了孟先生素描崭新的面貌，在当时独成一派。他曾教导学生："你的素描画到什么水准，你的油画就是什么水准。"由此可见，素描在孟光先生一生的绘画实践与教学中占有重要的地位，其思想仍然属于自文艺复兴以来，法国艺术学院所传承的古典法则。受其素描绘画体系影响的有陈逸飞、夏葆元、魏景山等著名当代绘画大师。

早期的写实油画

孟光先生就学于20世纪40年代的上海美专，其早、中期的油画艺术创作深受学院派教育的影响，表现出了比较典型的古典浪漫主义、写实主义和现实物象交融的风格特点，画风清淡，具有浓厚的诗意与文人情趣。即便是在社会主义现实主义时期主题性油画创作中，往往也会渗入春风熙和、诗意秀美的意蕴。这也使得他能够轻松自如地从"协奏曲"式的作品创作转入优美悦耳的"轻音乐"曲风，却又丝毫不减油画主题性创作中"协奏曲"艺术的分量。

在50年代，孟光先生凭借深厚的基本功和对生活的体验，创作了许多表现现实生活和以历史为题材的写实作品。在中国人民解放军军事博物馆中，收藏有孟光的《归航》，另外《测量队员》《锻工》也属于这样的现实题材，集中反映社会主义建设初期，民众表现的积极向上与革命乐观主义精神。在鲁迅艺术馆中，藏有孟光的历史题材作品——《鲁迅与李大钊》，可以看出画家在对中国近代历史题材的处理中，追求表现更概括简练，更美更深的意境。

孟光先生不仅仅是一位画家，还是一位艺术教育的理想主义者。在他的理想主义和古典主义熏陶下，上海油画在20世纪80年代呈现出异样的光彩。在中国近代史上，出现过很多伟大的艺术教育家。例如，徐悲鸿比较中西方的审美与文化差异，以改良中国民族艺术和中国画为教育理念："中法之佳者守之，垂绝者继之，不佳者改之，未足者增之，西方画之可采入者融之。"这一思想深刻影响了中国现代艺术教育体系的创建。另外，还有吴冠中，他激进的"笔墨等于零"的言论与对中国艺术内蕴不懈的探索，这之间形成的张力为后学晚辈们传递出无尽的能量。孟光的艺术教育与它们既有相似之处，也有很大不同。孟光的艺术教育如它的名字一般，就像一束和煦温暖的光，又如同春风化雨的细腻与坚守，在那个社会大环境紧张而压抑的氛围中，好似从荒无人烟的沙漠中挣扎生长出的一枝蔷薇。孟光是个理想主义者。他让我们感受到的是永无止境的艺术，一种不为社会、不受时尚左右的艺术。

孟光所创作的油画《锻工》

写实主义之后

1985年孟光先生去美国做访问学者，归国后，他的艺术创作风格发生了大幅度转型，画风一改往昔具象写实、古典浪漫的审美口味，进入了一种艺术的全新境界，作品中体现了更多的现代构成和抽象元素，更是把中国写意融入到了作品之中，通透流畅。此阶段在其艺术生涯中被人称为"孟光后现代的辉煌期时段"。

"我行我素，随心所欲中好画自然成"，孟光先生寻求创新，他的艺术探索，尤其从外国访问回来，就既"贯穿"中国古老文化、古典诗词和近现代新诗韵味，又"超越"了与传统意义上的现实中月色溶溶的那种诗情画意，从历史的嬗变中凸显其生命的爆发力。他将绘画中抽象、意象和心象的柔美元素，融合于静谧中创造出"新诗画"情愫的视觉语境。洒脱的艺术情趣、自成一格的表现特征与画风、独特的色彩感知、优雅的诗意审美形式，这些元素自然地结合在一起，给人极大的审美享受与精神放松。具体却又抽象的朦胧画面中，观者会情不自禁地陷于若即若离和稍纵即逝的感受中。孟光的画让观者开启了梦想、梦游、梦界的浩瀚世界，在若有若无的博大中感受上升的自由空间，在感觉想象与适度人性中自由驰骋。他此时挣脱了写实与具象的束缚，走出了观想与观察的二元对立，解开了画者与观者的矛盾关系，在视觉形式的审美享受上，达到了不完美中的完美，残缺之中的和谐。艺术能后赋予观者的美妙感官感受和引发出的理性思维，在孟光中晚期作品中凝结成形。它们是那样丰富多彩，又是那样变幻莫测，令人流连忘返。风景《画荷》《生命之歌》，以及静物画《花》《花卉》《静物》等，都是如上审美追求的片段呈现，宛如一阕阕歌赋，一帧帧四季如春的散文。

孟光油画创作探索的写意时期不是很长，客观地讲，也不是他最具有震撼和代表性的艺术探索。但是这个时期极为重要，因为作为一名艺术家，这标志着孟光这一代艺术家与后一代之间的代际过渡，这个时期开始了中国现代艺术发展中后一个更为开阔、自由与多元的探索时期。孟光的晚年更多地把中国画传统技法和写实精神融汇到油画中去，他的"花"系列油画大刀阔斧，用笔毫无顾及、意气风发，色彩淋漓浑厚，作品既有中国的水墨韵味，又有印象派的色泽鲜明，既有具体物象的影子，同时又有抽象派的艺术判断。

也许是孟光亲身经历、目睹了战争的残酷无情，他的心灵似乎像是被净化过，又像是被赋予了使命一般。在他的作品中，一朵小花，一片树叶，亲昵孩子的母亲，啼哭的婴儿，无不化为生命赞歌。他用独特的方式尽力发声，他要创作更多的作品来呼吁爱和美、生命与活力。他晚年的画作大部分取材于花草，因为花有鲜艳的色彩，丰富的造型，动人的姿态，更是生命的集中蓬发与生命力的象征。

在中国现代艺术发展史中，孟光的艺术探索与艺术教育都能够占据一席之地。他在艺术上的成就分成前后两个阶段：第一阶段是他的古典时期，此时，孟光的造型语言坚实朴素，注重素描为基本功的表现，注重具象对象的神形兼备，在主题性创作中展现出艺术创作的魅力。第二阶段是他的写意时期，此时，孟光走出现实主义的艺术刻画，通过自然静物，静观内心自由。这为后一代画家打开了新的境界。在艺术教育上，孟光也有两个重要贡献与成就。首先，他沿袭海派艺术教育传统，在正规的艺术教育体制之外，继续进行着民众艺术教育的实践，不拘一格、因材施教，正是这一点，才孕育出后来辉煌的上海素描、上海油画，使之在国内艺坛独树一帜。其次，他在素描的结构化、系统化、可传授性的探索上，进行了积极探索，并在艺术教育传播中积极尝试多媒体的传播媒介，达到了令人意想不到的良好效果。

孟光的艺术探索与艺术教育成就，即使放在今天，中国艺术已经取得辉煌成就之时，仍然具有重要的启发意义和研究价值。

我的父亲孟光

孟良

我的父亲孟光是一位美术工作者，更是一位教育工作者。他对世界的爱，表现在对艺术的执着追求和对青年的无私教诲。可以说，父亲的一生，全部奉献给了美术教育事业。

青年时期，他求学于刘海粟的上海美专，当抗日烽火在全国燃起时，父亲毅然带领同学们一起奔赴抗战前线，参加了新四军，并担任了服务团美术组的组长，在前线后方做了不少宣传工作，为抗战将士杀敌鼓气。转入地方后，他又在敌战区为抗战做了许多工作。全国解放后，父亲担任常州美协主席和文联副秘书长。1952年他到了上海，办了个画室，开始了他的美术教育生涯。

画室开始是设在南昌路上的一幢洋房里，取名为"集体美术研究所"，后来又搬到了思南路我家对面的91号二楼。

孟光，摄于家中

父亲当时除了在画室教学生之外，还创作了许多歌颂新社会的宣传画，如《世界人民大团结》等。记得有一宣传画《你为解放台湾做了些什么？》，画中有一个大妈和一个男孩，我当时就是那小男孩的模特。他还画了《穆桂英挂帅》《海魂》电影海报。父亲告诉我，当时也会画画的电影演员陈述想画这张海报，但看到了父亲的作品后自叹不如，便放弃了；这是一个小插曲。

1959年我父亲受邀到了上海美术学校任教，在学校教的是基础素描。在教学中，他根据学生的不同特点深入浅出地讲解素描的基本原则和要注意的要点，给学生很大的引导和帮助。他的教学方法在学生中作用明显，大家都很喜欢听他的分析讲解。父亲对待学生总是心平气和地循循善诱，每到下课，他的办公室里总是会围着一群学生。父亲特别能够发现有天分的学生，所以在他的班里出现了许多绘画成绩特别出色的学生。他总是强调每个学生都要根据自身的特长，走自己的路，探索艺术的真谛，学生们在成长过程中进步飞快。

孟光，摄于家中

我父亲是个很有绅士风度的人，待人接物和蔼可亲，对学校后勤的工务人员也是平等相待，从不会看人不起。所以在"文革"结束后全校教职员工普选校领导时，他以绝对多数票选当上了副校长。

孟光，在家接待日本客人

我父亲的全部身心都投入在教学上，全部精力也花在学生身上。他引以为自豪的学生陈逸飞、夏葆元、魏景山等是我家的常客，学生常常是相约而来，每到晚上和星期天，门口学生的自行车停了黑压压一大片。父亲总是不厌其烦地接过他们的习作给予分析和指点，而陈逸飞、夏葆元也时常会为大家示范，这样生动融洽的师生相处情景让许多同学至今还深深地怀念。

改革开放以后，美术教育事业突飞猛进，大家更有机会来学习心爱的绘画艺术，期间，陈逸飞、夏葆元、赵渭凉等常来我家聚会，经常到深夜还在探讨有关学术。

孟光的早期照片

孟光在家里和杨正新及外国专家会面

当我父亲提出拍摄《素描》示范影片的设想时，立即得到了上海教育学院的大力支持。在陈逸飞、夏葆元、魏景山、赖礼庠、吴健、赵渭凉、陈丹青等人的倾力参与下，拍摄了中国美术史上的首部素描电影，影片完成之后受到了各地美术院校的热烈欢迎。

粉碎"四人帮"后，春回大地，改革开放，年轻人充满了对世界的向往，为追求人生理想和信念，纷纷走出国门，去求学，去闯荡。我父亲对此非常支持，他说这是极好的学习机会！当时有许多学生都为投考国外的艺术院校而上门要我父亲为他们写学院的推荐信，父亲来者不拒。父亲热情洋溢的推荐，帮助了许多学生顺利地走向了新的艺术领域。

记得在20世纪60年代我父亲还常在晚上去市工人文化宫、区文化馆开设的美术班授课，帮助那些喜欢绘画艺术的年轻人学习美术。社会上也有许多人会慕名来我家找父亲请教，父亲从来不会拒绝，总是热情接待，耐心指导。以至许多年后，每当我陪父亲外出，都经常会遇到一些认识的或不认识的人前来问候，父亲的桃李真是满天下啊！

那一年，在陈逸飞先生的精心安排下，我父亲顺利地赴美国进行了学术交流。回来后，父亲针对国内的美术教育现状做了很多改革设想，计划在传统美术教育的基础上发展与时代接轨的艺术理论和实践，创建一个更具有科学自由和学术环境的美术院校。遗憾的是父亲由于多年的劳累积疾，不幸于1996年初病逝于瑞金医院。

父亲的一生是多灾多难的，但他一直积极努力、乐观向上，为党、为国家的艺术教育事业，为培养学生和人才不懈努力，贡献了一生。虽然他的许多美好设想和愿望在有生之年没能得到实现，但是他的学生们，还有许多深受他的教育思想影响的艺术工作者们，在后来的艺术事业上做出了更大的成绩，父亲在天堂也会流露出欣慰的微笑！

慈爱之光——回忆我的父亲孟光

孟玲

在我记事时起就知道我家墙上挂的好多油画是我父亲画的。其中有一幅画是我最喜欢的,上面画着一位楚楚少女在喂一群美丽可爱的小鸡,我给它取名为《少女与鸡》,父亲见我喜欢,曾答应将来留给我。可是"文革"一开始,墙上这些画一夜间消失了,从此我再也没有见到那些伴随我长大的父亲的画,更别提那幅《少女与鸡》了,现在想起真还很惋惜难过!

孟光在家里接待访客,左一为孟夫人

在我童年时,我们平常很少见到父亲,他总是早出晚归,还常常带学生去外地写生,但每晚回家他都会悄悄来到我们房间,给已睡的我们兄妹盖好被子,还会轻轻吻一下我们的小脸,那温馨的父爱至今还记忆犹新!父亲是位画家,可他的烹饪技术也丝毫不逊于他的绘画,休息日在家经常亲自掌勺,给我们烧很多好吃的!每当这时候厨房似乎成了他的第二画室,那五颜六色的料理在他的"指挥"下,瞬间变成了色香味俱全的美味佳肴。记得红烧肉是他最拿手的,至今想起来还回味无穷!父亲的朋友很多,他们有谈不完的关于艺术的话题,每每到了吃饭时间,父亲总会让他们留下来并一展自己的厨艺,于是,我们又能与客人共同享用父亲所做的美餐了。记得常来的画家有周碧初、李慕白、俞云阶、哈定、涂克、陆俨少等人,他们总是对父亲的手艺赞不绝口!

"文革"中我上山下乡去了黑龙江,返城后看到家中来客更多的变成了年轻的学生,父亲常常被学生们围在中间,大家聚精会神地听他讲,如饥似渴地看他画。特别到晚上,我家楼下花园里停满了学生的自行车。家里也是坐得满满的,我们晚餐时间常常被拖延。有时父亲也会留下一两个学生一起用餐,不少学生因此也会记住一辈子。父亲对学生非常爱惜,特别是有绘画天分的孩子。我记得小时候戴着红领巾的陈逸飞常常来我家向父亲请教,父亲说他是个很有才气的学生。后来果然应验,陈逸飞成了一代大家。"文革"后常来我家的学生更多了,如当初年龄还小的李宝华,常常带了许多画来请父亲给他指点。父亲很喜欢他,说他很有才气,将来定有所作为。

我小时候看到父亲画的都是大幅的人物油画,印象最深的有幅《炼钢工人》,和另一幅名为《归航》的海军题材的油画;后来这两幅作品均被国家博物馆收藏了。"文革"后我看到父亲画的人物只是素描了,那时父亲正在编写怎样画素描的书。油画基本以画花为主,动人美丽,皆大欢喜!

父亲虽然是位造诣非常深厚的画家,他的每幅作品用今天的"市场价值"来估算,都是5位数以上的,但当年的父亲无论是他的油画还是素描都慷慨地送给了需要的人,那些要办喜事的,要送礼的,要学习的亲戚朋友们和学生们。其实我也梦寐以求想得到父亲的画,父亲总说会给我的。父亲的确常在画,看到父亲画成的每幅作品都是那么鲜活美丽,总以为会给我留下一幅,但总是被人要走了。我很难过,一直到他去世,他还是没有专门为我画一幅留给我。父亲就是这样一位无私的人!

父亲后期开始也画抽象画了,其中一幅《荷花》在那一年上海大学一批美术作品去美国展出时还被选作了展览会宣传代表作。父亲的抽象画虽然我还有些看不懂,但我知道,在那些斑斓的色块和流动的线条里,凝聚着父亲一辈子对于艺术的追求与思索。他在那些艰难的日子里,培养了那么多美术人才,同时也让自己的灵魂升华到后人很难企及的高度,这就是艺术的力量!

如今父亲离去了,而家中留下的父亲的画少得可怜。我准备把父亲的画与父亲写的素描教材都整理好,希望能早日见书出版……

孟光(左二)和程十发(中)接待外国画家

大爱无声——我的父亲孟光

孟小莉

父亲孟光是我一生中最爱和最敬佩的人！我从小目睹了父亲那超强的忍耐力，他的坚韧，他的乐观，他的睿智，无数次地让我这个做女儿的感动和自豪。尤其是他的仁慈和宽厚，在那个不堪回首的岁月，为我的童年镀上了一层极其温暖的色彩！可以这样说，在我成长的历程中，父亲就是我心中的上帝！

记得有一次我很认真地问父亲一个藏在心中很久的问题：

"你有尴尬的时候吗？"

父亲笑了，摸着我的小脑袋说：

"当然有，傻孩子。"

"你怕吗？"我不明白父亲怎么还是这样从容。父亲没有马上回答。是啊，该怎样来回答一个孩子如此"哲学"的问题呢？父亲沉默了一会，指着客厅画架上他的那幅尚未完成的油画似乎答非所问，但语气坚定地说道：

"要有信心把它完成！"

随着岁月的更迭，世事的无常，我渐渐明白了父亲那深邃的"人生哲学"和执着的生活理念！

说父亲是个慈父，是因为他从不严厉训斥我们，但对我们子女的学业却从不迁就。我要是在学校的《学生手册》上有不好的成绩时，最怕的就是让父亲看见。不是怕他生气，而是怕他担忧！

记得在我十几岁的时候，有个冬天的晚上我在同学家玩到很晚才回家，在回家的路上有些后悔，很担心父亲因为等我而不睡觉。一直以来，父亲都要开着灯等我们全部安全到家才最后一个睡觉。那天晚上，当我冒着寒风从复兴中路拐进思南路，远远看见77号的弄堂口梧桐树下站着一个人影，走近一看，原来是我父亲。我心里已经做好了充分的狡辩准备，没想到的是，他见到我时只是轻轻地说：

"怎么这么晚才回来？冷吗？快回家洗洗睡觉吧！"

有人说大画家一般都与疯子无异，他们在艺术的殿堂里也许是位国王，但在生活的常态中，或许只是个"低能儿"。但我的父亲不是，他把浩大的爱献给了艺术的同时，也把无尽的爱献给了我们！那天晚上，就是这一幕寒风中的父亲让我久久不能睡去，直到今天还时时萦绕在我的梦中……

人的记忆有很多类型，如视觉记忆、听觉记忆、味觉记忆等，据说其中味觉记忆是最长久的，甚至会伴随人的一生。是的，每当回味起父亲的烹调手艺，我真的会很兴奋！觉得他是天底下最棒的烹饪专家，那记忆中的美味佳肴如他的绘画作品一样，时时在眼前闪现着斑斓的色彩，在舌尖"泛滥"着诱人的余香！记得那个"票证"年代，买肉是凭票供应的，所以老百姓红烧肉不是经常可以吃到的。当时我还

李宝华为孟光老师之女孟小莉所作的肖像速写

小，可我还是清楚地记得几乎每个星期天的中午，厨房里总会飘散出诱人的红烧肉香味，不多一会儿，桌上便会出现一小碗红彤彤、油汪汪的"孟氏红烧肉"。当时我真的很想在没有人的时候"偷"一块吃吃，可总找不到机会，因为我们全家都知道，这是父亲特地为他唯一的叔叔，我们喊他为公公的长辈而准备的。由此可见，父亲是一位多么善良而重情的艺术家！他与常人不一样，是因为他对艺术的热爱是那般如痴如醉，而他又与常人如此相融，更是因为他的情怀是那般真实而触手可及！

父亲的一生对艺术和成材是非常重视的。有时候他对学生更是关爱得可以说是无微不至，让我感动敬佩，但有时也会产生一种莫名的同情和难过。

记得有一次，那时我父亲身体很弱，我从外地休假回上海探望父母。我记忆很深的是有天晚上，父亲和我们准备吃晚饭，突然电话铃响了，父亲放下刚刚拿起的筷子去接电话。这一接就是一个多小时，整个过程父亲就坐在那张藤椅上手里拿着听筒，聆听着对方的讲话，偶尔插几句安慰之类的话。他整个人因为身体的不适而紧闭着双眼佝偻在藤椅中。我知道父亲心脏不是很好，多次提醒父亲先吃饭，可父亲总是摆摆手让我不用管他。事后我问父亲为什么这么有耐心。父亲告诉我：那是一个学生因为遇到不顺心的事，需要有人听他的倾诉，他不想打断对方，让那学生失望。我再一次被父亲这种博爱的情怀和无私的忍耐而感动流泪。

忍耐、奉献、善良伴随着父亲的一生，多年来我一直想得到一个回答：所有这些难道是父亲性格上的软弱？随着岁月的流逝，随着我们子女的长大，特别是父亲的永远离去，我渐渐明白，这正是父亲的强大！他自信地忍耐，无悔地奉献，无私地善良，父亲在我们心目中永远是十全十美的！生命苦短，人生几何，转眼就是百年！我一直会记得父亲曾经对我说过的一句话："做人要真诚！"是的，在我这一生中最值得骄傲的就是我们有这么一位伟大而真诚的父亲，同时也非常感谢有这么多喜欢和怀念我父亲的真诚的朋友！谢谢大家！

忆战友

杨瑛

80多年之前，抗日战争的烽火燃遍全国，孟光和我们都是不满20岁的青年。我们在孤岛时期的上海参加抗日救亡运动，我们痛恨国民党腐败无能，抗日不力，认识到真正在坚持抗日的是中国共产党。在地下党组织影响下，孟光同志于1940年到苏北参加新四军一师一旅服务团工作，担任美术组组长。他是位多才多艺的青年，他的专长是美术，他画画，刻木刻，出画刊，为报纸搞美术工作，向连队和群众宣传，并多次被派到连队做文化教育工作和战地后勤工作。他担任过如西警卫团的连政治指导员，多次和连长一起带领部队攻打日伪军据点。

1942年冬，苏北抗日根据地遭受敌人封锁，形势严峻，部队实行精兵简政，组织上动员从上海及江南敌占区前来参加新四军的部分青年，利用家庭和社会关系，回到敌占区继续从事抗日斗争，或学习专业，或暂时打埋伏。孟光同志在1943年春，服从组织安排，回到敌占区家乡，并接受组织上交待，进行敌后工作等。在十分艰难的条件下，孟光克服种种困难，尽心尽力为党做了许多工作。他从离开部队到上海解放的六年中，工作从未中断。1943年夏天，孟光进入安徽铜陵县伪政府作宣传工作，利用工作之便，在《铜陵日报》上宣传德日法西斯的失败，设法帮助一位被俘的新四军卫生队长谢月华同志脱险。有一次，他在南京组织成立青年话剧团，演出俄国果戈理的《钦差大臣》等进步话剧。剧团没有经费，他说服母亲变卖家具衣服，充作剧团开支。还应该提到的是抗日战争胜利后，紧接着国民党挑起内战，上海在我地下党领导下，开展声势浩大的和平民主运动，孟光同志积极参与。昆明发生"一二·一惨案"以后，上海党发动各界群众一万多人在沪西玉佛寺公祭死难烈士，孟光同志参加了筹备工作，为大会绘制了一幅于再烈士遗像。会后举行游行示威，孟光同志一路领呼口号。

1949年，我解放军渡江之后，孟光同志立即到无锡找到陈丕显同志（当时苏南区党委书记），由区党委宣传部长汪海粟同志介绍他到常州军管会工作，担任常州市美协主席，后又任常州市中苏友好协会秘书长。孟光动员他的7个兄弟姐妹全部参加了解放军。

1949年以后，孟光同志长期从事美术创作，特别是在美术教育工作中，做出了突出的贡献。孟光同志对党对事业无限忠诚，他是一个正直的人，诚实的人，也是一个坚强的人。

孟光同志走了，我们十分悲痛。

北京的老战友王昊来电告诉我们，我们的老领导，原新四军一师一旅旅长，全国人大常委会原副委员长叶飞同志对孟光有深刻印象，不久前他对王昊说，当年孟光是我们队伍中的年轻专家，他一直关心着孟光同志。解放军总政治部的老战友说，我们和孟光有80多年的友谊，深知孟光是个好同志。

孟光从学生时代起，追求进步，追求真理，跟着中国共产党，为打败日本侵略者，推翻国民党反动统治，建设新中国，兢兢业业，做了大量工作。孟光同志已经用自己的实际行动，写下了自己一生无愧的历史。

孟光你永远活在我们的心中。

安息吧，孟光同志。

第二章 艺术观点

孟光和沈柔坚，摄于美国

孟光访美国日记 （摘录）

孟光

18日

上午郝光明陪我们参观哥大艺术系，系主任陪同观摩他们教授为研究生讲评活动。由一位教授主讲，有六位教授参加，并参观了他们的工作室。研究生每人一间很大，还有系里附设的工艺加工坊有两三间，其中有各种机床、材料（金属和木头）、电焊和切割工具，各系学生可去加工制作他想做的东西。在餐馆（湖南饭店）午餐吃虾片馄饨等。下午参观巨大的哥大图书馆，先参观校史陈列室，然后是部分阅览室，百米长廊，全部是以玻璃制成的阅览室，每人的阅览台子，一人一个，有写字台大小，这里收藏珍本和手稿等共有2 350多万册。看的人共两三个，另有常用书借阅处，很多学生在借。据告借3小时后即需归还。

孟光和沈柔坚，摄于美国

校院内有为学生的书店，极大。书都在书架上可自由翻阅，约有100米长，其中也有小量玩具如绒制动物，和衣服等各种文具应有尽有。哥大职员已罢工第三天，职工分组整日在校园内和各门口转圈喊口号。学生会大楼中是各种学生组织，学生的茶室犹如一个极大的咖啡馆。

晚上姚庆章[①]宴请，在他自己开的一个高级饭馆里，我吃了不少龙虾和鲜干贝。同桌的有个"纽约时报"社长林缉光[②]和两位女记者，一位姓余，另一位顾月华是过去在画室学习过，后来进戏剧学院，现在美学习，已3年，兼做记者。两人都对我们进行了采访。晚上接史宇红电话，约后日上午来访。

21日

上午到哥大艺术系主任凯西（Kaish）家访问，她的丈夫也是画家，他们的工作室很大，各有4间，每间有50平方米。看了凯西的雕塑和画，并听她对作品的介绍，然后到她丈夫的画室看他的画和幻灯片。他喜画花，后来又放了我的幻灯片，并交换了意见、礼物，并得到他同意交换幻灯片。

下午先去参观博物馆。今天是馆休息日，馆长专程接待了我并陪我们参观。下午5时张芷陪我们去湖边拍照，晚程又宴请他与沈熟，我借故未去，在家整理物品、写信及准备明日去耶鲁大学礼品。

22日

上午8时半郝来同去乘火车去纽黑文访问耶鲁大学，约11时到纽黑文，出车站。已有耶鲁中国委员会派人来接。上午到耶大的英国美术博物馆参观，由该馆东方部的负责人陪同参观，并在校内由另一负责人参加陪同。进午餐赠了礼品。餐后参观该校的现代博物馆，珍藏甚丰，并得到破例可用闪光灯照相，得以在梵高和高更的原作旁摄影留念。参观后又去美术研究院参观研究生工作室。

会见了一位中国画鉴定专家教授后，我们还见了一位教素描和油画的老教授，

[①] 姚庆章，台湾旅美画家。
[②] 林缉光，艺术家，收藏家。被称为"收藏狂人"的新会旅美乡亲、海外著名华人收藏家。

交流了一些教育观点，据说他是属于学院派较保守的一位。

晚上接周智诚、殷罗林电话说来看我，陈又来电约去逛街，只能他与沈同去。我等周、殷至9时来，他们各赠了挂历及画册、笔等给我，谈至10时半离去。

23日

10时郝来同去参观大都会博物馆，它是除卢浮宫博物馆外世界第二大馆，珍藏世界古今名作无数。走马看花般到12时半去科恩夫人（Joan Lebold Cohen）家。她特为我们举行家宴，陈、郝陪去，赠瓷盆一，甚喜，立刻布置室内。谈甚欢，室内陈列均世界各地艺术品。仇德树也有一画挂内，至2时半告辞去参观美国之家设计院、博物馆及学校。博物馆陈列的大都是过去的设计院委员作品。程及是该院委员，特赶来陪同参观，学校里10名研究生学绘画，另10多名学版画及雕塑，参观教室由该院主任陪同并介绍。至4时半，又赶往古根汉姆博物馆参观部分印象派作品。

晚上与陈同去百老汇区并进餐日本餐，8时起3人去参观歌舞剧。

24日

上午由钱来陪同参观博物馆及画廊，在唐人街上饭店午餐后遇姚庆章同去参观画廊。姚又陪同去中报社，有记者访问。午饭时顾月华同餐，并将已印好的、在明日将出版的报纸给我们，上面有她写的稿，题为《海峡两岸画家携手欢迎画家沈柔坚、孟光访美》。一天参观，整日站立实在疲劳不堪。晚陈逸飞过来，一同去高级法国餐厅进餐，一人两道菜，味道平常，花费100余美元，真可谓高消费了。

明日晚上有台湾画家宴请我们，仇宇开车来接。

28日

上午郝陪同参观博物馆，下午4时至哥伦比亚大学演讲，介绍本人绘画、学校学生作品及青年画家作品。

晚饭周文中在意大利餐馆宴会，顾月华赠小剑及胶卷（黑白），陈逸鸣[①]赠粉画纸。

后记

为期一个月整，访问了纽约、纽黑文、波士顿、华盛顿、奥克兰、旧金山等城市。参观了十几个博物馆、几十个画廊，访问了5所大学。会见了几十位美国的画家、教授和中国的画家，他们有的已在工作，有的还在攻读学位。还会见了许多上海去的画家和留学生。

其中博物馆有纽约的大都会博物馆、美国现代博物馆、古根汉姆博物馆、波士顿美术博物馆、华盛顿的雕塑博物馆，这些是除卢浮宫外世界上比较大型的博物馆。

访问的大学有哥伦比亚大学、哈佛大学、耶鲁大学，还有美国国家设计学院和艺术学生同盟。同学校的负责人、教授和学生进行了座谈，并在哥伦比亚大学做了演讲。

---

① 陈逸鸣为陈逸飞胞弟。

除了这些专业性活动以外我们还参加了许多次为我举行的宴会，接待了许多来访的记者和画家，还参观游览了许多美国的名胜。比如登上世界最高的大楼和华盛顿纪念塔，参观了白宫和国会大厦，参观了世界上最大的歌剧院。

同时还受到热情友好的接待，许多美国画家、中国画家和留学生，还有中国台湾地区来美国的画家都邀请去他们家作客，由于参观访问日程很紧，许多都只能谢绝，但是几乎每天都是一早出门到夜里11点回住处，受到有些特殊的接待。美国现代博物馆星期一是休息天不开放的，专门接待了我们参观。另一博物馆由一位很有声望的馆长陪同参观并亲自详细讲解。又有的博物馆特别破例允许我们用闪光灯拍照，我因照相机不灵，虽在高更、梵高、莫奈的画前拍了一些照片，但均未拍清。

在美国和许多上海去的画家见了面，有王己千、张守成、程及、汪大文、陈逸飞、瞿国樑等。

孟光访问美国时旅美学生聚会，设宴欢迎孟光老师（前排右二）及沈柔坚先生（前排右一）

访美演讲辑录

孟光

尊敬的女士们、先生们：

有机会会见杰出的美国同道，我心中充满友谊和热忱，感到无比幸运和愉快。

虽然我初次来到你们的国家，我们的许多观念和习惯都不相同，可我却感到很自在很亲切，因为我知道我们都有着一个共同的爱好和理想，全人类心心的相通艺术把我们亲密地连在一起了。

很荣幸有机会介绍我自己的作品。

一个艺术家的艺术观点，他作品的取材内容和风格总是由他的时代背景、社会根源所决定的，所以一件作品总是作者心灵的流露。

20世纪30年代、40年代我喜爱画人像，也爱画风景静物。那时我还画过许多反抗法西斯侵略的宣传画，但是在战争的年代里全部遗失了。50年代是我创作最多的年代，我画过大量以反映我国人民生活的画，但是在60年代我们国内的一场灾难中又毁掉了大部分。20多年的作品，在两次浩劫中几乎全部毁掉了，这使我想起来就伤心。

我亲身经历和目睹了战争的残酷无情，失去理智的人对生活的蹂躏，对生命的摧残，善良的人民遭受苦难、屈辱、创伤，这都给了我深刻的印象。

艺术创造的"灵感"和想象产生于对人间事物的静虑，在佛教中被称为"禅"（Dhyana）的灵感似乎是爆发出来的，但我认为它是艺术家对事物长期的体验和感情的升华，当我经历的那不平凡的生活使我对天地万物产生新的感受，我的心灵便得到了新的启示，我开始了新的创造。

近10年来我的画，大部分取材于花草，我选择花作为自己创作的主题，不仅是因为花有鲜艳的色彩、丰富的造型、动人的姿态等等，它也是青春、活力、生命的象征。

我觉得人类对美的感觉能力表面上看似乎是本能的，实则它不仅具有历史和社会的因素，而更具有原始生命的根源。一朵花谢了，但是它却培育了更多的生命。一朵小花，一片树叶，亲昵着孩子的母亲，啼哭的婴儿，无不显示了生命中最动人最值得赞美的形象。一切生命都是一种过渡，当我越是进入老年人的行列时，尤其能感受到生活的可爱，光阴的可贵。

当人类之间还存在着猜疑，不公平，明争暗斗，甚至互相残杀的时候，我要创作更多的作品，更多象征着爱和美、生命和活力的花儿。它们仿佛就是我的孩子，我希望它们能够为一个理想，向地球上所有有理智的生命呼吁，人们应该彼此和平互助，真诚地友爱，应该珍惜生命，对一切生命现象作出公正、完善的安排，让人们生活得更美好。

艺术家的可贵还在于不断地在新的探索和创造中前进，不断地发现新世界，创造新艺术。几十年来我也在不断地在表现技法和风格上寻求自己的道路，近几年来我更多地把中国传统绘画中的写意精神融会到油画中去，来表达艺术情趣和意境。我认为只有在

孟光访问美国留影

艺术创造中真正鲜明的特色，才能在历史的长河中留下足迹，并且丰富已有的艺术宝库，我想这是我们每一个艺术家的使命。

你们国家先进的科学技术和高度的工业化反映在文化艺术上的飞跃崛起，多样、新颖的特点是全世界人所共知的。中国有几千年的文化历史，前人给我们留下珍贵的艺术宝库，使所有见过的人们赞叹不已。

艺术是不分国界的，优秀的艺术品是本国的财富，也是全人类共同的财富。艺术家有国籍之分，风格的区别，但是艺术家的心灵是相同的，因为艺术的内理是相通的。人类艺术的发展离不开交流，为了创造出更新、更美的艺术，来丰富人类的艺术宝库，加强各国人民之间的交流也是时代赋予我们的历史使命。

我到美国来，感兴趣的是美国的艺术家们如何通过丰富多样的手法来体现当今人类的精神，希望多了解美国的艺术，尤其是现代的艺术，并且向各位介绍部分中国的艺术。

上海在中国的地位，相当于美国的纽约，画家比较集中，有许多杰出的老年的画家，他们的作品在世界各地被了解得比较多，他们代表着中国近代艺术，而青年画家代表了现代和未来。

上海有许多有质量的青年画家，一般他们喜欢独立活动，尤其是近十年来，他们追求多方面的创造，显示了充分的活力，作品表现形式个性较强。他们都有各自对艺术的追求和观念，我个人认为这些有才华的青年是很有希望的，但目前人们对他们的作品了解很少。

孟光访问美国留影

第三章 艺术教育

孟光,摄于访美途中

美国艺术教育观察笔记

孟光

我访问了美国最著名的也是世界闻名的哈佛大学、哥伦比亚大学和耶鲁大学的艺术学院或艺术系,还访问了美国几家设计学院(实际上是绘画学院)和艺术学生同盟。接待我们的是系主任、教务主任或教授,接待是不拘形式的,介绍、讲解和回答问题很认真,没有先进会客室、吃茶等客套,几乎都是随地站着谈。参观了各校的教室,有的在上课,有的教室里有一两个学生在画画。参观了许多研究生的工作室,每人一间很大屋子,大部分都画很大的画(当然都是现代派的,有的是抽象的)。学校都设有两三间工场,内有各种机床、电焊、电割等设备和各种金属木材等原材料,各系学生均可以来制作东西。图书馆设备许多都是用电脑工作我看不懂,只见有的地方得本人排队,有的学校学生可以借大量的书,有的书只能借3小时。阅览室很大,哥伦比亚大学有个新的藏书楼,百米长廊全用玻璃制的房间,每人桌子有工艺系课桌般大,阅览的人不多。

孟光与美国艺术家交流

对基础教育各校各教师规定和意见不一,共同点是特别强调学生应用脑作画,应自己决定怎样去画。

有的教师认为画得准确是次要的,一开始就要求学生表现自己的风格。

也有的教师很重视基础学习,课程安排和要求同我国差不多,也画石膏像,也画几十个小时的长期作业。耶鲁大学的一位教授是教素描和油画的,他说他们学校20多年前取消了石膏像的课程。他觉得这是不幸的,但最近又逐步重视基础,基本功训练得比过去扎实。

孟光在美国和著名音乐家周文中相聚

他们的教师每周两天是到课堂的,平时都由学生中的班长管理,我们到有的教室参观时就是由班长接待的。教室里大部分是画的人体,有少数见到是在画着衣人像或静物的。

以讲评为中心的教学方式极其被学校重视。哥大的讲评活动每次要有6位教授参加,学生要讲自己的心得体会、经验,每个教授必须要提出建设性意见。教学是用教师工作室制的。学生可以选教师,这样对教师压力很大,教得不好,学生就不要你教了。

每年开学时教师举办作品展览,并附有各个教师的介绍。学期结束时举办学生作品展览,奖学金评委会评选得奖学生,新生6个月后可参加评奖。

美国对学生的课程安排时间比较宽,自己支配的时间很多,主要是要发挥每个学生自觉,互动地学习。他们重视教艺术规律,发挥各人的倾向,要求学生毕业后是个有独立创作能力的画家。

设计学院中的学生有十几岁的中学生,也有美术教师,教师根据不同的学生特点教学,上课时间有白天,有晚上。研究生大部分是纯美术的,工艺美术进研究院的很少，因为实用，可在实用中提高。学纯艺术的人多以油画为主，还有版画，雕塑。油画学3年，画家靠画谋生很困难，为了画他的纯艺术，许多人以画插图或广告来维持他画纯艺术的艺术理想。

此外，我们访问了好几位美国画家的家庭，总的感觉是他们都很热情，工作很努力，画室里堆了很多作品。有的是雕塑家，家里都有工场，有多种制作用的机床、电锯等，都有很大的工作室，大的有七八十平方米一间，小的也有四五十平方米。我们去了哥大艺术系主任凯西家作客，她的丈夫也是画家，每人两大间工作室。

孟光访问美国留影

孟光和沈柔坚先生访美时参观美国的美术学院

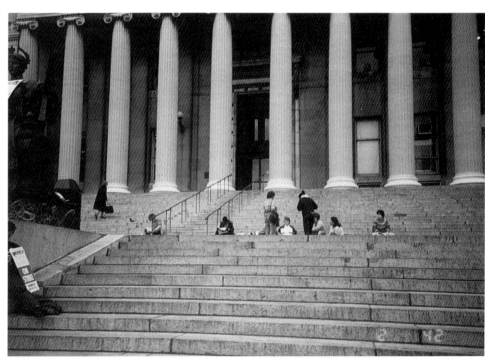

孟光参观大都会博物馆

素描的一般理论与实践

孟光

素描是各种造型艺术的基础，它也是美术创作的集中表现形式。从这些丰富多彩、精湛而深刻的作品中可以看到世界各国杰出的画家无不都有扎实而深厚的素描基础。学习素描是为了研究造型的规律、美的法则和掌握造型技能。世界各国的美术学院都以素描作为主要基础课。

人物，是素描写生中的主要内容。学习素描的一个基本原则是：整体观察和整体表现，它也是素描写生的重要方法。

动笔之前，对对象应该有一个观察分析认识的过程。观察分析对象的形体、动势、色调、特征和神态。要有一个总的印象。并且要考虑怎样构图，用什么方法表现，达到怎样的效果，做到心中有数，然后落笔。

用直线画轮廓是整体表现的一个方面。画出轮廓的大关系，把对象上的小的形体概括在整体中，要画准各部分之间的比例，形的倾斜，面的区分和转折点。要理解轮廓美丽的边缘和转向伸出的面，应当从对解剖结构和块面的理解去画轮廓线。要运用透视、解剖、明暗规律，理解地进行观察和表现对象。从解剖结构分析头部的块面关系：前额与颈部交接处有过渡的斜面，鼻的两侧面和鼻底也有不同的面，以及颚立下颚部显现明显的块面。画出这些块面的基本调子。可以把眼睛眯起来看，使小的形体模糊起来，主要的形体和大的明暗调子就明显了，便于整体地观察和比较。

在画轮廓的同时，逐渐画出大体的明暗色调，首先画出面部、衣服、背景三者的大体色调关系，并且把受光、背光两个大面区分出来。素描中明暗调子是为了表现形体空间，同时也应该表现物体的色彩的浓淡和质感。透明的眼珠，柔弱的皮肤，光泽的头发等不同的质感运用准确的明暗变化和不同的生动而富有变化的技法来表现。中间色调里的明暗变化比亮部和暗部更复杂而丰富，要仔细观察、比较。画素描的每一步都要为下一步考虑，为下一步深入创造条件，而不能有所妨碍。

深入规划，一般从眉、眼、鼻等重要部位开始，逐渐画到其他部分，不要孤立地深入刻画某一细节，应当使整个画面各部门进展保持相应的程度，各部分轮流反复刻画，逐步深入，要注意大的色调，保持正确的对比关系。手也是人像写生的重要部分，要从结构和整体出发，认真对待。

画人像，不仅要画得像，还应注意人物神态的刻画。表现人物神态的关键是五官，特别是眼睛，嘴角更为重要，画时要十分严谨，全力以赴。眼睛是表达思想感情的重要器官，要从对眼皮、眼珠的形体结构分析，画准微弱的明暗变化。适当地画出眼珠的高光和反光，表现好眼立体感和透明感。

不同的明暗程序表现块面之间的关系要根据结构画准相互关系。有的截然分开，有的层次分明但互相联结，有的逐渐过渡而连接，有的参差错落地联结，这些都要仔细地观察分析，认真画好。深入刻画，把形体画得结实，要把形体画结实，必须把结构画准。要透过形体的暗部特征、明暗调子等因素分析研究和理解骨骼、肌肉的结构规律。

概括地表现对象，意味着要善于抓住对象主要的东西，表现本质的东西，同时要大胆舍弃或减弱一些次要的细节，有些细节概括在整体里，只要在感觉中似乎有了就行了。艺术的提炼概括是为了达到更鲜明、突出、生动、强烈的表现性，并揭示出对象的内在的和最美的东西，使绘画比对象更理想、更完美。

处理好物象远近的虚实关系，正确地表现形体边缘块面与背景的关系。

画的过程中要经常退远检查画面的整体关系。绘画到后阶段，要注意整体。在写生结束前，最后再做一次全面的检查调整，看看：明暗调子是否统一协调？所有的细节是否都统一在整体当中？体面关系、体积感、空间感表现得怎样？虚实关系处理得是否恰当？解剖结构是否正确合理？人物的神态是否表现好了？

前面所介绍的是学习素描的基本方法。素描的表现方法并没有一定的模式，掌握了造型规律和技能画家是根据自己的习惯和感受，用各种手法和形式去表现对象。下面介绍几位画家的素描，他们使用的工具各不相同，有炭精条、木炭、水墨等。

（1）炭精条是画家们喜爱使用的工具，用它进行长期或短期的素描。画家运用各种技法，表现出丰富的效果，巧妙而恰当地表现对象的形体结构和质感。大笔涂抹可以节约许多时间，这也是炭精条画的一种优势。和所有绘画的程序一样，最后把画面整体地统一起来。

（2）木炭画具有表现力强和便于修改的特点，它既便于画大块明暗，也能表现好的色调，是很好的学习素描的手段。欧洲各国美术学院，学习素描大都用木炭作画为主。为了丰富我们的素描技法，我们也提倡木炭画素描，这也是探索改进素描学习的一个方面。

（3）水墨画。水墨画的墨色运用得当，可能产生美好的艺术效果。由于水墨画表现技法的局限性，经常需要一次完成。所以落笔前必须做到胸有成竹，心中有数，把适当的层次放到正确的位置上。水墨主要注意笔的运用，从笔尖到笔根，落笔的角度和速度都会产生不同的效果。用笔要根据结构和感觉而有所变化。

学习素描，也要练习速写，速写和素描能起到相互促进、相辅相成的作用。常画速写既能锻炼表现技巧，也能锻炼敏锐的观察力。速写取材于生活，表现对象往往是在运动中的，因此要熟悉人体的结构和运动规律，抓住人物的动态、特征，迅速而概括地画出来。速写能记录生活中生动的形象和动态，为创作积累素材。

画家们根据各自的感受并运用独特熟练的技法而完成各具风格的素描和速写，虽然他们的作画步骤和表现手法不一样，但是他们无不是遵循了素描的共同原则和规律，并加以灵活地运用。学习素描根本的目的在于掌握造型规律并能灵活地运用到各类美术创作中去。

第四章 评论与访谈

陈川、陈冲兄妹探望孟光先生

孟光时代

陈川

无意中在电视上又看了遍《日内瓦医生》。一听到那轻快的电影主旋律，就想起小时候（当年我家也有四户人搬进来）。小时候已经离我太远了，无论从时间上还是从距离上。在美国有时会梦到当年的上海，醒来时突然觉得它很远，远得要用光年计算，迷乱得像块碎了一地的镜子。醒后会苦苦思索，但又恍若隔世。

记得有年冬天很冷。天还没亮，土冻得比石头还硬。阿姨拉着我去菜场买菜。她排菜队，我排鱼队。但轮到我的时候她还没来。我身上有两分钱，便买了些猫鱼。

回家后发现其中一条小鱼的鳃还在动，那圆眼在向我祈求怜悯。突生恻隐之心，不忍心将它喂猫，便找了只大碗，放满水，那小鱼居然在里面游了起来。可惜不久碗里的水就结成了一块冰。鱼成了冰中的"化石"。没办法只能将它倒入马桶里。傍晚时发现冰化了，小鱼又活了过来。

在美国，小孩生活中充满奇迹，有圣诞老人（Santa Claus）、牙仙子（tooth fairy）等等。我童年的奇迹只有那条小鱼。

有天下雪，我在家里闷得发慌，在阁楼上瞎翻，发现一些姥姥的书。其中有儒勒·凡尔纳的三部曲：《格兰特船长的儿女》《海底两万里》《神秘岛》。里面的插图很美，翻着翻着便读起来了。

雨夹着雪一阵阵地敲打着老虎窗。阴冷像张虚幻的网笼罩着晦暗的阁楼，我逐渐把墙角那堆多年没晒霉的被子全裹在身上，还是冷得簌簌发抖，但心里却热血沸腾。从那间堆满垃圾的几平方米的阁楼上看世界，世界太大了，太奇妙了，我对船长尼摩羡慕得发昏。

小时候的事我已忘得差不多了，也许是故意的。

伏尔泰小说《老实人》的最后，当主人公甘迪德（Candide）所有的梦都破灭时，他一生最崇拜的偶像邦葛罗斯（Pangloss）还希望他能乐观，他回答："让我们开垦自己的花园（Let us cultivate our garden）。"

在"文革"中长大的人，易成为精神的囚徒。那个时代，开垦一个自己的世界显得无比重要。可能这就是为什么当年有那么多人用艺术和音乐来填补人性和情感的真空。

思南路的老墙很有上海的特点，砖外糊着粗糙水泥，有点西班牙风味。我小时候喜欢用手摸着它走，直到手指发麻……那是条幽径，路旁住的是些上海当时最有底蕴的人。可我当年并不知道这些，只知道思南路77号是孟老师的家。

第一次见到孟老师时，我大约12岁。当时在闵行电影院画海报的许余庆老师带我去见他。房间里弥漫着油画的气味。茶几上放了瓶凋零的玫瑰。天蓝色花瓶下已撒满枯叶，好像生命都被画架上的油画吸取了。那是我一生最难忘的一幅画。与当时外面看到的画完全不同，那几笔颜色，简直令人佩服得五体投地。我如误入天堂的罪人，无法形容自己的幸运。

虽然当年的感情就像墙缝中的一些小植物，不需要很多阳光和养料就能开花。但现在回想起来还是使我寒毛林立！那天晚上我的心离开了愚蠢的肉体，在空中逍遥了一夜。那瞬间的感觉是永恒的。

那晚回家的路上，在复兴中路的某个窗户里，有谁漫不经心地拉着手风琴，那是一首我妈妈当年常唱的苏联歌：

黄昏的时候有个青年，

徘徊在我家门前。

那青年哟默默无言，

单把目光闪一闪。

有谁知道他呢？

他为什么眨眼？

他为什么眨眼……

突然想起那条神秘的猫鱼。我的脚踏车骑得飞快，心中满怀憧憬。奇怪，想到当年就会想到苏联。

中国有不少伟大的艺术教育家，如徐悲鸿、吴冠中。孟光不是伟大，而是美，一种脆弱的美，好像从荒草中挣扎出来的蔷薇，与现在花房里粗壮的玫瑰不同，他也不像哈定那种把艺术大众化的教育家，他是个理想主义者。他吸引我的不是能学会艺术，而是他使我感到艺术是无止境的，艺术不是为社会的，不受时尚的左右。

我认为20世纪70年代末、80年代初是上海的"文艺复兴"。四川艺术如罗中立的《父亲》，何多苓的伤痕美术《春风已经苏醒》，有很大的影响力，从主题到画风都使人感到一种暴力。但上海的艺术情感就像是后弄堂悄悄的肺腑之言……把闷在肚里的一点点不规矩的隐私用最美的方法说出来，不是宣言而是流言，流言往往更主动更美。我觉得，美术灵感是对美的期待，是在美的饥饿中产生的。那时的画家们有多饥饿、多寒冷？夏葆元的《恋爱史》是一种没有反抗的反抗。今天有谁画得出来？意大利文艺复兴也没有宣言，只是把上帝人性化。拉斐尔是梵蒂冈教堂的画家，他的圣母画得很人性化。上海当时艺术家的感情像是挤牙膏挤出来的，但和现在比起来，没有市场，没有商业操作，那种纯真有多可贵。一切出自内心，为艺术而艺术。

我在美专读书时孟光是我们的副校长，凌启宁是我们的老师。她也是孟光当年的得意门生。几年前回国看到凌老师在大剧院画廊开的个人展，我暗暗吃了一惊：我受她的影响比我想象的要大很多。回想起来，她是学校里最维护我们的老师。毕业后我跟随孟老师一起去上海交通大学美术系教书直到出国。可见我是在他的翅膀下长大的。

陈逸飞、夏葆元、魏景山不但是孟光的学生，也是他沙龙的常客。当年知名的还有赵渭凉、吴健都是孟老师圈内的人。他对上海的艺术高潮的影响力是没人能比的。

虽然坐在那只已经坐烂了的藤椅上，但孟老师是个十足的贵族（18世纪的启蒙贵族）。我们每个礼拜都在那聚会。在那间屋里，我可以忘记一切，让自己升华到另一个空间。那里天堂的门是向我敞开的。每次从那间屋里出来，总是灵泉汹涌。

孟老师的学生很多，有两三代人受到他的影响，但是我这个年龄段的学生们受他的影响最大。因为"文革"时我才7岁，我是从一张白纸开始的。孟光家一直是我的避风港。我艺术世界的经纬是由孟光来做刻度的。什么是艺术？没人能做出客观的解释。我是我的时代的产物，虽然在海外岁月已经超过在中国的，世上最著名的作品都看过了，但我却越来越怀念那个时代——孟光时代。

我又去看了一次孟老师的家，希望能找回一些当年的余韵，可惜时间一点一滴的侵蚀已被油漆一新，在阳光下闪耀着一股艳气。一个穿制服的警卫把我拦在弄堂口。隔河相望，觉着这时辰似曾相识？

想起一首泰戈尔的诗：

我飞跑如一头麝香鹿：因为自己的香气而发狂，飞跑在森林的阴影里。

夜是五月的夜，风是南来的风。

我迷失了我的路，我彷徨歧途，我求索我得不到的，我得到了我不求索的。

我自己的欲望的形象，从我的心里走出来，手舞足蹈。

闪烁的幻象倏忽地飞翔。

我要把它牢牢抓住，它躲开了我，它把我引入歧途。

我求索我得不到的，我得到了我不求索的。

吉光片羽　追忆孟光

陈丹青

编者按：

在陈丹青的文字与讲述中，总会提及他的师承。孟光既是他眼中的美校才子教师，也是一位规矩周正、不落窠臼、为学生留有极大发展余地的素描先生。孟光的素描教学为之后六七十年代上海油画精英的突起，在理性思考与形式训练方面打下了坚实基础。本组片段文字收集自散落各处的陈丹青文集访谈。它们依稀还原出那早已消逝的韶光，读者可模糊窥见那位仍在画画的艺术家，那位异于体制又周正规矩的人文学者。

今日研究美术史的同志们可有谁瞩意于"文革"改画组？今天，哪里还能买到"文革"版1972年全国美展画册？20世纪90年代迄今，全国美术界集体记忆与官方文本顶多追溯到80年代初——"文革"时期的绘画群体，成为历史的断层。

历史有断层，艺术有师承。断层、师承，是怎样的关系？怎样的形态？

我们可以窥见三组人物、三段关系、三种影响的来源：

魏景山、夏葆元、赖礼庠——包括今次不可能在场的陈逸飞——师承60年代上海美专孟光、俞云阶诸位老师。青出于蓝胜于蓝，他们几位成为"文革"时期上海油画的代表人物，超越了美专的老师。

……

现在想来，六七十年代上海油画精英的崛起，其实得益于上海解放后美术教育的"弱势"——论级别与师资，浙江美院及中央美院远胜于上海美专。上海美专作为地方专科学校，能够出现魏景山、陈逸飞、夏葆元等数位具有全国影响的画家，是什么原因？

详察他们的师承，素描根底大致来自早年就读民国时期老上海美专、后去解放区的孟光先生。孟先生教学，规矩周正，不拘格式，未形成浙美及中央美院的素描套路，此为夏、魏、陈诸位日后发挥自己的才华大留余地；至于油画创作的直接影响，则他们几位至今感激早岁在重庆师从徐悲鸿、50年代上海市唯一一位北上师从马克西莫夫（Maksimov K. M.）的俞云阶先生。

……

位于长乐路165号的油雕室被荡平了。我们的模样居然大致不变，老是老了，远未堕落到不可辨认。各人的脾气还是老脾气。

画不会老，但会陈旧泛黄，谁有兴趣看？孟光和俞云阶先生早已过世，逸飞若在，我猜，他和我们一样，知道自己最珍贵的岁月是在70年代。如今绘画变得那么值钱，我们撮拢这些泛黄的纸片与画布，只想当面兑现永逝的韶光，为此群相聚首，个个如堂吉诃德，认真排练了一幕早已过时的戏，在戏中扮演，并纪念我们自己。

我们演得好吗？没关系。我们还在画画，画得很高兴。

……

那会儿谁都没机会上美院，但我请教过的老师比现在任何一个学生不知道多多少。从江湖兄弟互相学，然后认识夏葆元、魏景山、陈逸飞，他们的前辈颜文梁、俞云阶、孟光、张充仁、陶冷月、张隆基、程十发，我都去请教过。当时北京的在野小子去找吴作人，找董希文……全国各省市都有小圈子，寻师觅友，学院关闭，反而艺术家更往一块儿泡，比今天气氛好到哪里去了！现在年青人找不到好老师了。我不是说非得遇见名家才能学画，现在也有很好的画家和老师，但问题是现在学画的头等大事就是考试，艺术学院只剩学费、分数、上课三件事。可是上课不是教育，教育不是上课。

——选自《陈丹青访谈：自由，本身就是种立场》

说来，这也是隔代失传的风习了：江南沪地绘画圈彼此看画从来词句精当，不套术语，不作兴学院腔，如今却是溺于兀谈而言不及义了；尤可贵者，美专才子及美专老师如俞云阶、孟光、张隆基——日后我有幸当面请教这几位老师的老师——他们与晚生、初习者、无名画家面见接谈，总是言笑生风，如晤友朋，从不作施教状。此后我与葆元熟腻，他给我画像，我给他画像，得意之际，免不住话头里寻着机会问问他："你看我画得怎么样？"葆元偏头想想，只一句"任伯年"。这话说得多好呢：抬举夸奖，诙谐的警告——任伯年善画，然而是能品，而葆元这样说，意思是相信眼前的瘪三能够听懂他的话。

——摘自陈丹青《退步集》

对世界充满了爱

陈家泠

孟光在广西写生，中间陆俨少，右边陈家泠

孟光在广西讲学

孟光在广西游览

孟光教授在他众多的油画创作中，"花"的描述占了很多的篇幅，他从他家的窗口向外展望，树木和花卉迎着晨露，迎着晨光，透发着闪光的异彩，这就是一幅"晨光曲"。傍晚暮霭降临，花卉、树丛隐约若归，又是一幅"黄昏颂"。春天的青葱，夏日的灼热，秋季的金黄，暮冬的肃瑟，无不从窗口或者说是从画框里呈现出来，于是一幅幅生命的象征，新陈代谢的转换，通过作者的情思静虑，逐一地在画布上挥写而出。然而，自然的兴衰，阳光的朝暮，时代的变迁，对每个有生命的人来说，都有相同的领略。但作为艺术家却需有其独具慧眼的灵感，和"迁想妙得"的才华，他不仅仅是表现自然的美好，色彩的灼丽，而且通过画幅，借助画中景物来抒发画家的情怀，反映画家的品格和他对世界的看法，从而引起观者的共鸣。文学作品中，"黛玉葬花"那片片落花已非自然界的缤纷现象，而是象征黛玉悲惨的遭遇和痛苦的心情，使人产生对黛玉的同情和对世俗的控诉。敦煌壁画中的天女散花，那装饰性的朵朵飞花欲代表世界的美好，使人联想到天堂的幸福。画荷花使人联想到高雅和圣洁，画梅花使人联想到独秀凌寒，把人引向高层次的艺术境界。孟光教授的"花"正是基于这种借物抒情的创作灵感，对人生的爱抚之情拥抱世界；缀取画意，抒发诗情。所以他的作品显得那么生气勃勃，使人感到亲切，让人目不转睛。

孟光教授曾说："我亲身经历和目睹了战争的残酷无情，失去理智的人对生活的蹂躏，对生命的摧残；善良的人民遭受苦难、屈辱、创伤。""而我亲身目睹了人类之间还存在着猜疑、不公平、明争暗斗，甚至互相残杀。我要创作更多的作品，象征着爱和美，象征着生命和活力的花朵，他们仿佛是我的孩子，我希望他们成长，希望他们大声疾呼！人们应该彼此和平互助，真诚友爱，珍惜生命，让生活变得更美好。"

艺术家的可贵在于不断地创新和探索，在创造探索中前进，不断地在艺术世界中航行，发现新天地，开拓新领域，创造出时代的艺术，孟光教授几十年来正是这样辛勤地耕耘拓展，十分难能可贵。在20世纪50年代，他凭借深厚的基本功和对生活的体验，创作了大量表现现实生活和以历史为题材的写实作品，如《归航》《鲁迅与李大钊》《测量队员》等，许多作品为博物馆和纪念馆收藏或出版。从各个时期的作品中可以看出作者总在追求表现得更概括、简练和更美、更深的意境。但可惜的是他的大量作品，在一次全国性的大浩劫中毁掉了，以致没能搜集到他各时期的代表作品。近几年他更多地把中国画传统技法和写意精神融会到油画中去，他的"花"大刀阔斧，用笔犹如画法意气，色彩淋漓浑厚，既有中国的水墨韵味，又有夕阳印象派的色泽鲜明，同时又有抽象派的意识。他的这种具有中国精神和意趣的油画愈来愈被人们接受和喜爱，他的作品在美国展出反响巨大，受到美国美术界高度评价和美国观众热烈赞赏。他的画不仅在美国，在欧洲、日本也曾多次展出。1986年他曾以著名油画家和美术教育家的名义应邀去美国哥伦比亚大学以及哈佛大学、耶鲁大学进行讲学和交流，足迹所至推动了国际之间的文化交流活动，他沟通了艺术家的心灵，为中美之间的艺术交流，艺术家之间的友谊发展做了贡献。

孟光教授又是一位受人尊敬和卓有成效的美术教育家。他说："一切生命都是一个过程，当我进入老年人的行列时，尤其感到生命的可爱、光阴的可贵。"他的影响不限于展览和画册，更重要的是他几十年来辛勤培育下的人才已桃李满天下。他的学生遍布世界各地，美丽地开放、生长、发出清香，其中有不少学生已成为很有影响的画家。

艺术家聚会，左一为陈家泠，右二为杨正新

孟光在家里接待访客，左一为陈家泠，中间为施立华，右二为杨正新

动荡岁月中的静好

陈伟德

人的一生中总会遇见几个对你影响至深、让你刻骨铭心难以忘却的人物。他会成为你事业的引路人，为你拨云开雾，带你登高远望，从而引导你走上正确的人生道路，让你终身受益！于我而言，孟光便是我的这样一位恩师。

15岁那年我来到思南路77号孟光的家，抖豁地摊开一卷自己画的素描，孟光逐一进行点评，而我紧张得什么都没有记住。很多年以后，每当我想起当年的这一幕，就如失去的一个太过遥远的镜头画面，想尽全力去抓住、去回味，但一片模糊，怎么也聚不了焦……当年青涩懵懂的我当然不会意识到，从第一次踏入孟先生家的客厅开始，孟先生将会对我以后的绘画道路以至于整个人生产生的巨大影响。当年就读的五原中学美术老师程恩将学校美术小组的两位她认为画得最好的学生推荐给孟光，看了两人的素描后孟光选择了我，我成了那个幸运儿！

我的中学时代正值"文革"后期，那时的我是一个整天混弄堂的臭小子，在那样一个混乱的、人人自危、物质又极度贫乏的社会环境下倒也活得自由自在，至少我可以自主选择自己喜爱的绘画作为消遣。命运突然把我扔进了孟先生家的客厅成了他的弟子，一个和当时的社会氛围全然不一样的艺术沙龙。我结识了有着对绘画同样痴迷的同道者们，如胡刚、陈川、赵以夫、洪基杰。我们几乎每个星期都会在孟家客厅聚在一起，倾听孟光对我们每一幅素描的点评指教。无论春夏秋冬，那一刻都是紧张而又收获满满……孟先生还经常会取出我们所仰慕的如陈逸飞、夏葆元、魏景山老师的素描作示范，真是受益匪浅！让我印象深刻的是还经常会在孟光家中和这三位当年叱咤上海画坛的风云人物不期而遇。有一次还做了夏葆元的模特以作示范，差不多1个小时后一幅极其精彩传神的炭精素描完成了，并赠送给了我。1985年我赴巴黎留学带上了这幅我非常喜爱的素描和自己的几十幅素描，遗憾的是这幅素描和我的几十幅素描在初到法国的漂泊和动荡的生活中稀里糊涂一起遗失了！至今每每想到这事，总为之扼腕！所幸还留有一张不太清晰的照片以作纪念。

孟光先生极注重素描，认为素描在绘画中的作用如同建筑的骨架，是撑起整幢大楼屹立不倒的关键，其余的均是表皮，地基打得越深，楼就会盖得越高。孟先生的弟子们正是遵循了这一教诲，从而能在探索绘画的道路上走得远。

如今我的年龄已经过了当年孟光先生开始教我绘画的年龄，孟光家的客厅也成了遥远的记忆，但他在我们心中开启的那扇美术之门自那时起便成为我去探索绘画乃至人生的动力，少年时代的踌躇满志至今少有改变，变的只是日渐衰老疲惫的身躯。孟先生教给我的不仅仅是绘画的理念和技艺，他对人生的乐观和豁达，他对绘画的挚爱、对学生的呵护，这一切始终激励我克服人生道路上的风风雨雨，无论是18岁开始的艰辛的农场生活还是28岁开始的动荡的巴黎生活，或者是后来的回国后的迷茫，都改变不了我对绘画的痴迷。

如果时光可以倒流，我多么希望回到孟光家的客厅，轻轻地架起画架，去描绘孟先生蜷缩在他那张破旧的藤椅，在客厅一隅，烟雾缭绕中那张坚毅而慈祥的脸，当然背景中少不了孟先生那一束标志性的油画花卉静物。

天堂般的微笑

陈逸飞

1963年，孟光和美专预科同学在韬奋楼前合影，后排左一为孟光老师，前排右三为陈逸飞

陈逸飞为孟老师素描教学所作的示范作品

思南路，77号。

孟光老师的家。

踏进院子，习惯地看一眼二楼的灯，亮着吗？

匆匆上楼，楼梯踩出了回响，听着这熟稔的声音，恍惚又回到了从前，读美专预科那会儿，卷着刚刚画毕的素描，到老师家登门求教。

敲门。等候。记得从前站在门口总是跑得喘息未定，也记得木门洞开后，迎面展开的是老师脸上那一片暖而亮、天堂般的微笑。

今日应门的，是老师的女儿。

老师已经不在了，过世了。

心里不觉黯然失色。

走进老师的房间，一如既往。从前这房间是那么热闹，一些同学带了画，聚集于此，请老师评点，常常是才坐了刻把钟，门就响了，老师笑吟吟地起身，又引进一批甚至一拨同学，高班的或是低班的，认识的或是陌生的。

正想着，老师的女儿从沙发夹缝里拿出一叠用塑料纸包裹着的素描习作。细一辨，竟是几十年前我们一班人的作业，魏景山的、夏葆元的、我的。一幅《海军战士》，是我一年级时的习作，居然还被老师保存着。

心里一阵惊呼，眼前恍然间看见老师在远处深笑，慧黠而得意。

老师的女儿说，这是当作教学资料，给现在的年轻人做范本的。

真是，教学的事，老师他是时时挂心的。

那年老师到美国来，挎着一个硕大的相机，跑美术学校、跑博物馆拍幻灯片，还不时掏出本子做笔录。他也讲是做教学资料，带回去，将来在上海办一个视觉艺术大学。不光有油画、国画、雕塑，还有工业设计、电脑制作……

办这样一个学校，是老师最大的心愿啊。即使在他重病期间，也惦记着。

那次探病，我和他谈及"美术教育基金会"一事。老师听着，伸出手，在纸上歪歪扭扭地写了一行："有几个人组成？"随后搁下笔，又会心地笑了。老师故世后，某天经过成都路美术馆，忽然想起从前老师年轻的时候，有一天带我们去看画展，他走在前面，我们跟在后面，他时不时回头看我们一眼，眼睛里溢满了笑意。

现在想起也是笑意萦怀。抑或这微笑是一种启迪吧，它督促着我们去仿效，去做一些平凡且有意义的事。

回望　怀念孟光老师

丁荣魁

大约60年前，在上海西南角幽静的靖江路45号，我们一群不谙世事的学子踏进了这座院落。这是刚开办的上海市美术学校（当时为中专）。迎接我们的是一群热情的老师。盼望了多年，上海终于开办了正规的美术学校，老师和学生的教学热情空前高涨。在中等美术学校，素描是专业课里排第一的。教我们素描的是孟光老师。那时，老师们正当盛年。孟老师十分英俊，身板笔挺。在占整个楼层一半的素描教室里（现在难以想象，60个学生60副画架，还有好几组石膏像，静物台，集中在大大的教室里画素描，是多么的壮观），老师拉开嗓子讲课，却显得放松自如，条理清晰，又通俗易懂。后来知道，他曾开办画室，收徒授课，所以有丰富的教学经验。

其实我们这班学生基础薄弱，有的从未画过素描，教学的难度可想而知。从根本上说，素描意味着认识事物和表现事物的基本能力。如若教学不得法，会误人终生。面对充满期待的60双眼睛，作为老师，除了要有艺术修养，更重要的是对教学的巨大热情。恰恰是在这方面老师令我们难以忘怀。除了面向全体学生大声讲解，老师还会坐下来逐个耐心指导。这样一个挨一个，几乎难以起身，一晃半天就过去了。后来我们也给学生上课，才知道，这是多么累人啊！这还不算。我们这班同学，极其珍惜来之不易的学习机会，对学习真是到了废寝忘食的地步。每天晚自修素描教室必是灯火通明，大家静静地继续画白天的作业，这时孟老师必会出现在教室，耐心地指导、修改。直到自修课结束，生活老师强迫大家回寝室，孟老师才骑自行车从靖江路回思南路家中……

好的老师总是十分爱才的，孟老师也是这样。他对家境清贫而学习努力的学生总会给以更多同情和爱护，这是我深切感受到的，我想有这种感受的不在少数。具体事例太多，无法一一叙述。

当时，由于学校初创，没有任何优秀的示范作品。孟老师设法从杭州借来钱贵荪的速写，施绍辰的素描，挂出来作示范。这对我理解素描到底怎么画起到了极大的作用。我们上素描课的同时，学校开设了颜文梁老师的透视课，张充仁老师的解剖课，程十发老师的人物线描课……这一切共同起作用，促成了上海一所小小的学馆式的美术学校一下子冒出了一批素描十分了得的学生。现在看来不是偶然的。

教师的天职是教书育人，其实能真正做到是十分不易的。今天，时隔60年，我们还在想念孟光老师，这便证明了他的教学成就和为人。

怀念孟光老师！

海上画室，杳然一梦何处寻

孟光及夫人

孟光接待外国来访艺术家

孟光画室——一直在带学生，没有停过。

当代玻璃艺术家陈伟德早年学习西画，曾经留学法国，近年来转向玻璃艺术创作。不论在艺术的道路上走了多远，他始终感激恩师孟光先生对自己最初的教育。

1972年，陈伟德所在的五原中学美术老师将班里几个学生的作品推荐给孟光先生，孟先生"看画不见人"，从中独独挑中了陈伟德的画作。虽然此前也零零碎碎学过一些绘画技法，但自此以后，陈伟德才跟随孟先生真正走上了学画的道路。第一次跟着中学老师去孟先生家的时候，这个十几岁的少年很是紧张，但见到已过知天命之年的孟光先生以后，老师的随和与亲切一下子打消了少年心里的忐忑。"孟先生不仅画好，而且人好"，这是曾经在孟光画室求学的学生们的心声。

陈伟德在孟光画室学习的3年，正处在"文革"的后期，当时的许多画室都已经关停，但孟先生不收学费，坚持教学。孟先生的家在思南路77号，那里幽静的环境至今都令陈伟德印象深刻。在独栋洋房二楼三四十平方米的客厅里，学生们每周都会带着自己的习作请老师修改、指点，学生之间也会热烈地交流讨论。年轻的学生们做模特，陈逸飞、夏葆元、魏景山这些师兄就会为他们做素描示范。

当时的孟光除了在画室教学，还在上海市美术学校任教，陈逸飞等心向艺术的年轻人和他建立起师生之谊。当年20来岁的陈逸飞已经在上海画坛享有盛名，因为经常到画室拜访孟先生，他就成了陈伟德他们那一辈的"老大哥"。在陈伟德的印象里，"阿哥"陈逸飞常常戴着一顶军帽，孟先生总爱说："逸飞啊，你来教教他们，你来跟他们讲讲。"在陈伟德这些"小辈"的心目中，"当时大家完全就是热爱艺术，没有任何功利性的目的；那个贫穷却又心灵丰满的年代，有理想、有激情的中学时代，我们都沉浸在追求艺术的快乐和紧张中"。这样的气氛让每一个曾在孟先生门下受教的学子都深受感染、难以忘怀。

有一次，学生赵以夫来到画室，看到老师和师兄们在讨论一幅画，那是夏葆元创作的《黄河愤》。画面描绘了日军在黄河烧杀以后八路军前来歼敌的情景，不过天空被表现成了黑色。当时市里希望夏葆元修改天空的颜色，陈逸飞前来传达这个意见，学生们都有些无奈与不快。孟老师就劝道："葆元你们听听，听听，不要都像小孩一样。"经历了世事，学生赵以夫现在回想起来，才品得出老师当时的苦心。在那个年代里，师生们为了艺术聚在孟先生家激烈讨论的这一幕也成为赵以夫记忆里永远抹不去的印象。

1978年，陈伟德考入上海市美术学校。在当时的900多名考生中，有26名被录取，13名进入了绘画系，其中5位就是孟光画室的学生。

节选自《东方早报》刊载《海上画室何处寻》一文。

永恒的纪念　永远的遗憾

洪丕森

孟老师是对我人生影响最大的老师与亲戚。他给了我太多的帮助而我却不能报答他，这是令我无法补偿的终身之憾。每一思及，不禁怅然。

孟老师是我亲戚，也是我从事绘画艺术的恩师。他是我小姨夫的三哥。经我小阿姨与小姨夫的介绍，1960年我妈带我去孟老师家拜师学画。他替我设计了三项方法：一是有空就去他的学校——上海美术专科学校看学生们的绘画；二是多画速写；三是每两三个星期他对我的作品做一次系统的分析讲评。

20世纪60年代初的上海美专在现今华东政法大学里的韬奋楼，离我家不远。我有空就去那里看学生们的各种作业与展览，孟老师常为我作点评，讲解美专学生的作业。夏葆元的作品是我最心仪的。他的年龄和我差不多，却成了我心中的偶像。

那时，我还在愚园路上的长宁区工人俱乐部晚上的美术班学画。我总是上课前提前去布置桌椅等，下课后打扫清理才离开。由于认真踏实，一直帮俱乐部写标语、画海报等，俱乐部美工组的王镐老师很信任我与其他两位画友，美工室的钥匙就常交给我，我与几位画友随时可以去画画与帮忙搞宣传活动。俱乐部的美术班办了好多年，美专也有好几位老师在那里任教。应该是1961年，孟老师担任油画班的主导老师。开班先是画静物，我的好多幅油画都留有孟老师亲自修改的痕迹。后来上肖像课，我自告奋勇，做了第一个模特儿，孟老师边示范，边讲解，画了两节课，他为我画的这幅油画肖像，至今珍藏，成了我永恒的纪念。

"文革"中，我去了安徽省淮北市文工团任舞台美术设计。"文革"结束后，我调到苏州工艺美术学校任教素描、色彩等课，假期便去上海孟老师家请教。有幸的是，孟老师特意请夏葆元到他家为我画了一幅素描像。我在教学中时时拿出给师生观摩，令大家歆羡不已。那时，孟老师已到交大任美术学科及学院的负责人。由于我的学历与经历横跨文科与美术，承蒙孟老师识才，他很欣赏我的踏实与文笔，好多次与我谈起两件事：一件是说如果他在交大的办公室身边有一位像我这样兼通美术与写作的负责人就好了；另一件是他想编一部素描教材，由他讲述，请我帮助整理编辑。每次，我从苏州到上海，拜候老师并请教时，他总是提起这部素描教材，材料已经收集得差不多了，总体思路与框架体例也酝酿得差不多了。

1986年底起，我忙于准备国家公派留学考试，就没去孟老师家。1987年我考取国家一类公派留学，下半年在北京语言学院集训。1988年初即赴澳大利亚墨尔本装饰学院执行教育合作项目。遗憾的是，我1997年底第一次回国，却得知孟老师已与我们永别，心中凄然，不堪回首。

1999年底、2000年初，我与长兄洪丕谟在纽约举办千禧书画联展，有幸遇到夏葆元，谈及孟老师，使我不敢相信的是，他竟慷慨地将那幅1996年纽约美展同

夏葆元作孟光老师肖像

学公祭孟老师时画的《孟老师像》赠送给了我。根据葆元回忆："我还记得您 2000 年左右与无尘嫂的纽约之行，由于你对孟老师的深情，我随手将孟老师的一幅肖像赠与您，这是 1996 年追思会上特别赶制的一幅。到 2007 年上大 50 年庆典'开展览，我即问你要回，不几日您完好地寄回给我，陈列于展厅，也印上画册，您这人的信誉值得铭记。"现在，这幅画完璧归赵回到了葆元身边①。

2017 年 9 月
于墨尔本

---

① 此文写完后，承葆元告知，这幅画是在纽约赖礼庠公司布置纽约上海美专同学孟光先生追思会时连夜赶制的。我认为这幅画不仅在艺术上有极高的造诣，而且成了凝聚孟光先生师生间最诚挚感情的象征。

缅怀我的恩师——孟光先生

江南春

尽管岁月无情地流逝，然而一串串往事却历历在目，使我感叹万分。孟光先生的音容笑貌、儒雅风度，以及他那平易近人、助人为乐的高贵品质，永远铭刻在我心田。

1979年，我回到位于天津路的上海市美术学校，当时在陈龙顺书记、张雪父校长、孟光副校长以及陈家泠等老师的大力支持和推荐下，创立了美校有史以来第一间裱画室，并有上海博物馆协助委派资深裱画师傅传授技艺，从而配合了学校教学的需求，并为各种画展提供了方便。

1983年，上海大学美术学院在上海美校的基础上正式成立，由于当初校址凯旋路相对比较偏远，加上许多老先生年事已高，来学校领取工资等不很方便，我就利用空余时间，不管春夏秋冬，把他们的工资和各种信函文件，骑自行车一一送到他们家里，一直持续到1988年我自费留学日本为止。

当时送工资的路线，基本上是先送田林新村的乔木先生，再顺道送到静安寺附近愚谷村的应野平先生，再送瑞金路的张雪父先生，最后送到思南路的孟光先生家，时间往往已是傍晚5点半多了。

孟先生和夫人马老师见我风尘仆仆、满头大汗，再三拉住我留下吃晚饭，我只能说："没有时间了，女儿还在幼儿园等我接她回家呢！"

起初孟先生没有在意，后来时间长了，常听我说女儿在幼儿园总是最后一个被爸爸接走，觉得怪可怜的，就帮我出了一个"主意"。他说："我打电话给张老（张雪父）、乔老（乔木）、应老（应野平），请他们每位画一幅画送给中国福利会幼儿园，因为这个幼儿园经常有外宾和著名人士参观，会议室里肯定需要画。"当时我想，这太遥不可及了，我是无名小卒一个，怎么有可能把孩子放进这一全上海顶级的全托幼儿园？我对先生说："老师，我辛苦一点没关系，这是作为父亲应该做的。再说进中福会幼儿园没有这么容易，谢谢您的厚爱，这次就算了！"

可是先生非常执着，他说："你不去试一试怎么知道行不行？"过了一星期左右，先生又对我说："老先生的电话我都已经打过，他们都一口答应，你去取画即可。"他又关照说："你把画装裱成镜片，既高雅又漂亮，去试试看！"忆想当年的情景，我思绪万千、热泪盈眶，心情久久不能平静……

那是一个星期六的下午，我拿着老先生为我准备的画来到徐汇区五原路上的一幢小洋房里，直接找到了中福会幼儿园的一位女院长，说明了来意。当时我心情既紧张又忐忑，不知接下来会发生什么。

女院长一听沉思了许久，终于开口说："好吧，你这个情况我院会作为'特批'上报，估计问题不大。我们接待外宾的会客室墙上确实没有名人字画，这与我们幼儿园目前所处的地位不协调。"

就这样，过了一个多星期，幼儿园正式通知我去办理女儿的入园手续。当时我那股高兴劲和莫名的自豪感至今仍深深地难以忘怀……

如今我已年过七十又六，做了外公，两个外孙承欢膝下。当我同女儿回想起这段难忘的经历时，我女儿说："现在即使有再多的钱也进不了中福会幼儿园，爸爸，你那时真是'神'了！"我看着她不作声，心里默默地想，对孟先生和几位老先生难以报答的隐情她又能知晓多少！

1988年初春，我自费留学日本，临别之际我再次拜望了先生。先生高兴地对我说："上次送走了陈逸飞，这次你又去日本，我桃李满天下！你要抓住机遇，好好干出番事业来！"

弹指一挥间，整整40年过去了。可是老师对我点点滴滴的恩情，却经常不断地浮现在我的脑海，出现在梦中，久久不能忘怀！

先生，学生怀念您！

纪念我师孟光

赖礼库

悼念孟光老师

1996年的3月1日，纽约还是凛冽的冬天，上海传来了令人震撼的消息，"孟光先生已于2月29日在沪去世！"信息如迅雷在我们同学之间爆炸……孟光先生的弟子淹入了深深的悲痛之中，怎么办呀？我们又能做什么呢？

身在异国的我们如何才能寄托自己的哀思？纷纷议论之余，我们也研究过，最好能办一个追悼会，但似乎也不靠谱，场地怎么办？其实根本没有一个地方肯借出，供我们办这样的活动。我想来想去，认为我公司的地点比较适中，面积也比较大，并且交通方便，我就提出来我公司举办孟光先生的追悼会吧。有了场地，其他一切就可以解决了，接下来马上拟定日期，人员通知，会场的布置，日期定于3月9日（周六）下午2点，地点是曼哈顿中城29街（第五大道口）。

当然也必须通知纽约两大华文日报（《华侨日报》《世界日报》）的记者出席采访。在3月9日之前两天，我请了人来布置追悼会的场地，请专人写了横幅挽联，还做了黑纱花球，一切早早安置妥当。

孟光和学生赖礼库在一起

追悼会的当天下午，40多位人士准时出现，大家神情肃穆，哀思缠绕。除了上海美专同学以及他们的家属，还有我们其他艺术院校的好朋友们，更有孟光先生的亲戚从外州赶来，两大华文日报的记者也来了。在周根宝同学的主持下，每人手持黄色水仙花，首先向孟光先生的遗像默哀，再行三鞠躬。会上许多同学陆续发言，回忆了孟光先生的生平，教学的历程。这些诚挚的发言将大家的思绪带回到那些艰难又充满欢乐的岁月，回忆恩师的无私真诚的爱，恩师的悉心栽培和关怀又如何影响了大家的一生。大会结束后，大家合资一起去皇后区最盛名的老上海饭店——东兴楼吃了豆腐羹饭，席间大家继续热烈畅谈，既寄托了对孟光先生的思念又凝聚了感恩之情，大家心中挥之不去的哀思得到了纾解。

20多年过去了，我回想起来，觉得这是一次十分有意义的、最特别的悼念活动，相信人间有爱。

回忆孟光先生

孟光先生家住思南路，我就读的二十二中学就在他家附近，校内有一群热衷绘画的同学，经常聚在一起研究画图，阅读书籍。其中一位同学是孟光先生的近邻，有一天他带我去了孟光先生的画室，从此我认识了孟光先生。初见孟光先生，年轻俊朗，明亮的眼睛带着一丝笑意，说话带着常州口音，非常和蔼，没有一点点端摆架子，

赖礼庠夫妇在孟光先生追悼会上

顿时使一个少年放下心来，感到很温暖。到了1960年，我考入了上海美专，得知孟光先生是我们的素描老师，欣喜异常。在入门阶段，能得到孟光先生的指导是相当幸运的，他的教育方式简捷有效，教我们画石膏像轻松愉快，尤其是石膏像的暗部处理，画得特别透明。孟光先生对学生又是十分认真关心的。记得一年级的学期创作，我画三位女农插秧，那时在绘画的入门时期，画得辛苦，孟光先生用了一个下午来为我讲解修改。当时他的右手似乎有疾，每画几笔，让我帮他把笔洗净，挥干，再递给他画，使我极为感动，现在想起，一切仿佛发生在昨天。

和孟光先生成为同事

20世纪70年代，我进入母校执教，有幸成为孟光先生的同事，坐在同一个教研室中，常在教学上受到他的指导。孟光先生善画能教，使我受益匪浅，对我的工作有极大的帮助。孟光先生的教学方法是独特的，他相信学生们的互相启发的力量是无穷的，他会敏锐地发现学生的亮点，学生们较好的作品是不会逃过他的眼睛的，每个学生有较好作业出现，就会被他用作课堂上的示范作品，然后精心保管。学生们受到重视，心中自有荣誉感，何乐而不为呢？所以在他的周围，家中的客厅永远有一群你追我赶、奋力向上的学生，既有校内的，更有校外的，然后又互相结识、变成朋友，进而互相影响、互相学习，形成了一种亦师亦友的关系，既罕见又奇特。所有的一切绝对不带功利，多么温馨的时光啊！

我不是写素描理论的，只是内心常常会想起，孟光先生的一套"契氏"理论是怎样形成的？他曾经生活在一个战乱的年代，青春年华都在动荡冲击之中，哪有时间琢磨、消化和形成这一套办法？而这一切又影响了整整一代人的素描。

孟光先生的教育重点，我认为第一是强调形的相对正确，其次是对整体的观察和表达，第三强调悟性和理解的重要。多年来我反复思考这些要点，并以此来辅导我的学生，现在我的学生陈予钢也早已成了教师，也在教导他的学生们。当我们进行交流时，谈起孟光先生，又看了陈予钢的教育学生的札记，我看到的是一脉相承的理念。可喜的是孟光先生的教育已经刻印在我们的新一代教师的经验之中，并得到发扬光大了。

难忘的记忆

李宝华

在本书即将出版之际，时光隧道又把我拉向20世纪70年代……

坐落在思南路的孟老师住所成为当时沪上艺术名人的聚会沙龙，特别受到中青年艺术家的追捧和青睐。

记得初次拜师的那个晚上6点，11岁的我怀抱一捆素描头像习作，轻轻地敲开了孟老师的家门，见到了当时极有声望的孟光老师，我当着孟老师的面一张一张地打开我的习作，等待着老师的评判。孟老师仔细地看了所有的习作，显得非常高兴，说画得很有灵气、生动，把画留下来让其他学画人看看。他非常看重我自由表现能力这一品性。

过了会孟老师突然说："你现在就画一张"，拿出笔让我当场为其小女儿孟小莉画写生素描头像，在孟老师家这个艺术殿堂画写生示范的，在当时只有陈逸飞、夏葆元、魏景山、赖礼庠、陈家泠等名家，我一个初学者能有此殊荣，这真是莫大的荣幸和鼓励。我全神贯注地完成了此幅小莉的肖像，画好后，孟老师点点头露出了微笑，我通过了"考试"。"你以后每个周末来一次"，孟老师说。这张素描作品也把1974年某个晚上定了格，成了永久的记忆。

被老师称赞这种感受和以后我在一些重要展览中获奖，对我的激励是同等的，人生节点中有人助推一把很重要，我非常铭记这些鼓励。

孟老师的教学思想强调素描是绘画的本质基石，非常重视素描感觉和在快速时间捕捉对象造型能力的训练，反对用铅笔硬磨，以免显匠气，所以更主张用炭精棒这种材料大面积快速画出效果，为此他还特地去了美术工厂定制了一批特殊的精细炭精棒。这在当时国内还是首创，和西方现代艺术院校自由画派的理念异曲同工。在上海20世纪70年代兴起"素描运动"，上海曾产生了一批素描高手，影响了全国的绘画界，启发了国内对素描观念的重新理解，形成了一股"上海素描风"，引起了一大批艺术青年追随向往，孟老师是背后的推手。这是孟老师素描理念的具体表现。

孟老师本人有很强的写实能力以及对于古典油画的独到理解，画了不少精品。到了20世纪80年代，孟老师画风突变，寻求创新，作品中体现了更多的现代构成和抽象元素，更是把中国写意融入到了作品之中，通透流畅，这对于他那个年代的画家实属难能可贵。随着时间的推移，他的作品会越发弥足珍贵。"绘画要放松，做人也要放松"，这也是孟老师经常说起的。每当看到这幅素描作品就更增添了我对那个年代的美好记忆。

我以精神著明花——读孟光先生的油画艺术

李一青

孟光参加艺术交流活动

说起中国现当代美术发展史，尤其是讨论到半个世纪来上海的油画艺术传承和目前依然活跃在艺术界的知名油画家的源流时，我想有一个不时在历史中闪耀出光芒的名字，人们是断然不能忘却的，也应当是不该被忘却的——他就是中国第二代著名油画家、杰出美术教育家和文化交流使者孟光先生。

孟光先生早年毕业于20世纪40年代的上海美专，他的油画艺术创作，在其早、中期油画作品里表现出了比较典型的古典浪漫主义、写实主义和现实物象交融的抒情优美画风，这样的绘画创作审美趣味，构成了孟光先生油画作品的唯美诗意和文化情趣，即便是在进行交响曲式的主题性油画创作（如在题材重大主题的社会主义现实主义时期的油画创作），也往往会渗入春风熙和、诗意秀美的意蕴，这也使得他在"交响曲"与"协奏曲"式的作品转入更爽朗、优美悦耳的"轻音乐"曲风的演奏时，仍不失其油画主题性开展与进行时所构成"交响曲"艺术的分量。

1986年，作为中国著名油画家、杰出美术教育家，孟光先生以访问学者名义，应邀赴美国哥伦比亚大学、哈佛大学、耶鲁大学进行讲学与交流，足迹所至推动了国际艺术交流，使中外艺术家得以沟通心灵，东西方艺术家的学术、情谊也在共鸣共识中获得提升，尤其可贵的是，探讨了人类艺术发展与现当代艺术家作品的创造性探索与发现等问题。彼时旅美上海籍油画家陈逸飞为其恩师精心安排了旅美行程，并介绍时任美中艺术交流中心主任、哥伦比亚大学音乐系主任周文中教授相识。

孟、周两位先生在纽约一见如故。周文中将孟光先生推荐给总统国家艺术顾问科恩夫人，使孟先生有幸结识美国诸多高层文化人士和杰出艺术家，如美国家喻户晓的公共环境和现代环境雕塑艺术大师乔治·西格尔及美国超级写实主义画家查克·克洛斯等。孟光先生在美国还举办个人画展，到各地参观访问，在大都会博物馆、古根汉姆美术馆、纽约现代艺术馆的多次流连，留下深刻而丰厚的生命体验，大开眼界，直接促使和影响他最后的绘画艺术风格的转型与艺术表现的炉火纯青。

"我行我素，随心所欲中好画自然成。"孟光先生归国后，他的艺术创作风格开始大转型，进入了艺术的全新境界，在其艺术生涯中出现了一个被人称谓"孟光后现代的辉煌期时段"。这个时段可能由于孟先生的健康缘故，尽管为时不是很长，却极为重要，因为孟光先生的"后期代表作和新精品力作"皆诞生于这个时期。

从海外归来后，他进行大转型、大转变，画风一改往昔人们习惯的审美口味，极快地既"贯穿"又"超越"中国古老文化、古典诗词和近现代新诗韵味与传统意义上的现实中月色溶溶的那种诗情画意，从历史的嬗变中凸显其生命的爆发力，让绘画中抽象、意象和由此而构成心象的柔美元素特征，驰骋于宇宙空间，于静谧中创造出新诗画韵情愫语境，反转于人。洒脱的艺术情趣与自成一格的表现特征与画风，给人以审美形式的无比养眼和色韵诗意，画面似具体却又抽象的朦胧中，让观者于若即若离和稍纵即逝的感受中，开启自己的梦想、梦游、梦界和若有若无的博大上升的自由空间，发挥感觉想象与适度人性、理念相融的自由驰骋的体验和感受，感觉与感悟，观者与画者浑然若共，视觉形式的亲切审美享受，恰似春风拂面而来又拂面而去，一种"轻轻的我走了，正如我轻轻的来"——艺术美妙绝伦的感受空间和情感世界，如此深邃如此不完美又如此完美……

孟光先生中晚期作品，丰富多彩，穿梭其间，令人流连忘返。其中晚期的《荷》《生命之歌》《花》与《花卉》《静物》等都是一阕阕歌赋，一帧帧四季如春的不同抒情诗和散文诗……与其为人之真善美异曲同工，人以画传，画以人传，画如其人，诗意相融。

孟光参加艺术交流活动

作为一代美术教育家，孟光先生在其艺术生涯中，先后培养了一批极为出众的著名油画家和艺术家，如夏葆元、魏景山、陈逸飞、邱瑞敏等，他对每一个学生都因材施教，满腔热忱、极其认真负责地培养学生，不断在教学中启迪和发现学生自我的艺术才华。孟光先生的美术教育生涯是相当丰富精彩的。1981年孟光先生出任上海交大美术教研室主任，同时约聘夏葆元任西画部负责人，笔者在此期间也曾有幸被邀为交大美术高研班讲授"西方美术简史"及为本科生开设"艺术欣赏和世界名家名作赏析"等课程。

追求、实现和抵达人类艺术至爱的美好世界，这便是孟光先生留给我们的美好的艺术精神财富。

缅怀恩师

梅林

在我的艺术道路上孟光老师一直起着重要的引领作用，在学生时代有幸受教于孟老师，是我一生中极大的福分。

孟光老师教学严谨，有着不同于一般老师的教学方法。在素描课堂上，他能针对不同学生的特点深入浅出、生动活泼地耐心指导，帮助学生加深对每件作品的理解，这使我在短短的几年学生阶段学到了一生受用的知识和技法。孟老师是一位温文儒雅的艺术家和教育家，他的人格魅力和高超的教育方法培养出了一大批优秀艺术家。

我和孟光老师的缘分，源于我高中毕业的前一年。那是"文革"时期，由于家庭原因，不能报考航空学院，我就从航模组转到了美术组。当时我中学的美术教师是赵渭凉，他是我的启蒙老师。在美术组，经过一年左右的训练，在赵老师的指导下我的绘画能力有了明显的进步。有一天我妹妹的文化课老师知道我也在画画，就对我说："我儿子胡刚也是画画的，我帮你介绍一位胡刚的老师，他是美校的老师。"我听了喜出望外，非常激动，但又有些担心自己画得不好。她马上看出了我的顾虑，叫我不用担心。第一次去孟老师家是胡刚妈妈和胡刚一同陪去的，他们家和孟老师家住得很近，都在思南路上，没走几步就到了。当时，孟老师的家就像现在的艺术沙龙，每次前去都能遇上一些熟悉的或陌生的画友。特别是在当时资源信息缺乏的年代，孟老师给我们看当时已有相当知名度的画家的作品，其中有陈逸飞、夏葆元、魏景山等，这些作品非常精彩，至今仍记忆犹新。

中学毕业后我被分配到了崇明前进农场务农，虽然生活和劳动条件非常艰苦，但出于对艺术的热爱，只要一有空我就要拿起画笔画画。每次回上海就会拿着在农场画好的画迫不及待地去孟老师家请教。每次到孟老师家，孟老师和师母对我总是像对自己小辈一样的嘘寒问暖。对我在农村所画的素描、速写等习作更是耐心仔细地一一加以指点，使我受益匪浅。在这段时间里，孟老师的帮助指导使我的基本功有突飞猛进，也为我后来走上艺术道路打下了坚实的基础。

孟老师虽然已经离开了我们，但他对我的教导一直影响和伴随着我的成长，真是师恩难忘。

谢谢你，我的恩师，我永远怀念您！

历史见证

潘胜前

十一届三中全会后，美术界呈现出一片繁荣的气象，当时的上海市美术学校形势也一片大好。著名美术教育家、画家孟光先生集中了当时上海美术界的一批精英，陈逸飞、夏葆元、魏景山、王永强等一些他的学生经常在美校的二楼教室画写生、研究业务，后来陈丹青、林旭东等也经常来一起画画。当时孟光先生正应美术出版社之约，要出一本素描画集，他们所画的习作，也可选合适的作为画集中的示范作品，所以是一举两得。

我原是一名工人，爱好美术，"文革"前就已在沪东工人文化宫的美术组里学画，后来作为厂里的宣传骨干，参加了上海市美术学校办的"工农兵美术创作学习班"，有幸成为孟光先生的学生。孟先生对我帮助很大，所以我与孟光先生的关系十分要好。1972年底我留校当老师，一直在孟光先生身边做他的助手。在与孟先生的相处中，我深深地体会到，他教给我的不仅是绘画的技巧，更多的是做人的道理。之后我成了思南路孟先生家的常客，无论在学习上或生活上碰到什么事，都会去向孟先生请教。有一次我又去拜访孟先生，他谈起学校要并入上海大学，目前情况比较混乱。因为上大美院只要原美校的专业老师，行政领导和后勤员工一律不要，所以当美校转入上大美院时，我们原美校实际上已无人领导，搬迁的时候也是杂乱无章，教师办公室里到处一片狼藉。那天我在孟光先生家听说后，立即赶到美校，里面已空无一人，我就到我原来画画的办公室、教室去看了看，也是垃圾满地。我本想在废墟里寻找可能丢弃的油画颜料或别的材料什么的，结果在废墟里"抢救"出不少那个时期的画作。其中有一幅是孟先生为原新疆艺术学院哈孜·艾买提画的素描肖像，上面还有哈孜的维文亲笔签名。一幅是陈逸飞的素描肖像，画的是一个海军战士。还有一幅是陈逸飞为创作《黄河颂》时以我为模特所做的油画肖像。后来我跟孟光先生谈到此事，孟老师说："你好好地保存这些作品，今后上课时也可以给学生作示范作品。"这些画作也见证了在上海市美术学校孟光老师周围围绕的那种专业学习的氛围，当时的热情和友情都是令人终生难忘的。

部分文字选自《二十五年——上海市美术专科学校纪念文集（1959—1983）》一书
上海大学出版社

回想起孟光老师

邱瑞敏

孟光和周磐初（左一）在学生邱瑞敏（右一）家里做客

孟光在家接待美国雕塑家吕贝克卡门，邱瑞敏（左一）

那是1959年的初春，我考进了上海美专中专部，后称我们为老中专60位同学，我们佩戴着红领巾踏入艺术的殿堂。校舍是一幢四层的楼房，二楼是我们的专业课教室，教室里错落有致地摆放着由颜文梁先生从法国带回来的古希腊罗马的石膏像，面对这些艺术的珍品，内心激荡不已，对崇高艺术的向往和追求便油然而生。三楼是我们的文化课教室，很宽敞，这些形状各异的课桌，是由各系统调拨来的办公桌。那时，因学校刚开办，故专职的教师并不多，孟光老师就是其中之一。

在我的印象中，孟老师似乎从早到晚都在学校里，他会时时刻刻出现在我们同学的周围，真是与我们打成一片。他视学校为家，他很爱学生，关心着我们这一批懵懵懂懂而又生机勃勃的无知少年。孟老师总是那样的和蔼可亲，对我们循循善诱，细心地呵护，他一心关注的是如何让我们得以成材，如何让我们在绘画水平上提高。记得他不时地从当时的浙江美术学院借来一些优秀学生的习作让我们临摹，真是让我们这些初学者大开眼界。我还记得，孟老师把钱贵荪的速写和连环画借来让我们看，我们太惊讶！不敢相信高年级学生能画得如此出色！对我们触动很大，真是要感谢孟光老师的用心良苦，让这些好的画为我们树立了榜样，更激励我们奋发学习，勇猛精进！

我们也没有辜负孟老师的真切的培育。那时，班级里勤学苦练的精神蔚然成风，清晨6时我们寝室里几乎是空空如也，大家都拿着速写本跑了附近的菜场去画速写。我们这一群戴着鲜艳红领巾的少年在露天菜场里窜来窜去，用画笔捕捉各种神采奕奕、专注挑选各种新鲜蔬菜的大伯大妈们，使得菜场增添了不少生气和活力，更是让菜场充满了艺术的气息。虽说是菜场里画速写，故事也很多，但有一次我在画一位大妈时，她发觉后就冲到我面前破口大骂，说我把她的灵魂画走了，并把我画她的速写撕掉，这时还有一群围观的人，真是把我急哭了，现在想起来真有些可笑。这一时期大家速写画得很多，每个星期一，大家都会把自己画的速写贴在墙上进行观摩交流，并注上这一个星期画了多少张速写，记得画得最多的同学可达到100多张。这一切都是因为孟老师不断地教导我们"学艺术的人要曲不离口，笔不离手"，可见孟老师呕心沥血、诲人不倦的精神。

1960年的夏季后，我进入了中专部二年级下学期学习，当时学校更名为上海市美术专科学校。学校招收了本科60位和预科100位的新生，学校的学生数已达220多名，有许多新的教师到任，教师也开始调整，孟光老师负责去教预科班的学生，从此他就不再来带我们的课了。这样与孟老师的交往就越来越少，当然，同在一个学校里偶尔也会碰见孟老师，见面时他总是对我们关心备至，会问长问短，还要了解我们学习的近况。俗话说"一日为师，终身为父"，这是我们与孟老师师生之情的真实写照。

那时学校从华山路迁至陕西北路500号，那里原是西摩路会堂，是上海现存最早的犹太教堂，是希腊神殿式建筑，富丽堂皇。学校有教学楼，素描教学大厅，宿舍楼和操场。有一天晚上，教学楼夜自修结束后，我朝着宿舍楼走去，没想到那么晚了，孟光老师仍在学校里，就在我刚要进宿舍楼时巧遇了孟老师。他见到我后就把我叫住，因孟老师已不在我班任教，我不知孟老师要问我何事，一般他不是谈及素描上的事，就是提醒同学们要努力学习、不断进取。而我没想到的是这次孟老师关心起我思想上要进步的话题，我感到有些突然。因为当我考入学校时，许多同学都已经很有绘画基础，我只能是埋头学习，刻苦磨炼。那次孟老师语重心长的谈话深深地铭刻在我的脑海中，他的话语不多，只说"你也应在政治上求上进，积极向团组织靠拢，争取早日加入共青团"，但我深知这是孟老师对我的呵护，在关注我的全面发展。那时我才16岁，是渴望知识的岁月，也是人生之路的起跑年代，孟老师就开始为我指路，规划我的人生发展方向，孟老师的教诲就像是火种，点燃了我心灵之火，影响着我的一生。现在孟光老师的音容笑貌、精神品格仍会不时地浮现。后来我也成了一名教师，我也经常与我的学生讲述我学生时代所受的启迪，与他们共勉。

摄于油雕院。左起：邱瑞敏、周碧初、孟光、王大进

之后学校又搬迁到中山公园后面的圣约翰大学的旧址，我也升入本科油画系学习，孟老师任新中专的老师，见面的机会就少了，再说那时经常下乡，工厂体会生活，又去金山县参加"四清运动"。从学校毕业后我被分配到上海油画雕塑创作室工作，有时也会去看望孟光老师。

孟老师家住在思南路的弄堂里的一幢楼房（现在的思南公馆），虽说是洋房，但并不宽敞，孟老师住在二楼，客厅里光线昏暗，只有朝南的房间有一排百叶窗，略显亮堂一些，家里的摆饰倒是洁净雅致，墙上挂着孟老师常画的花卉的静物画。他家的斜对面是一家思南路幼儿园，我女儿小时候就托在这家幼儿园里。那时候我女儿6岁，她很怕陌生环境，当送到幼儿园时，不知怎么就在门口一般劲儿大哭，不肯入园。这时只好抱她到孟老师家里去坐一会儿，在那里她倒是很乖，不吵不闹。后来由孟师母陪同一起去幼儿园，女儿知道幼儿园对面有熟人就放心了，有时幼儿园的阿姨也会陪她去孟老师家玩一会儿。

之后，我们也会去孟老师家聊聊天，话题总离不开我们事业的发展。尤其是我太太吴慧明在预科班学习时孟光老师也教过她，后升入油画雕塑训练班学习，毕业后与我同在上海油画雕塑创作室工作。我们去看望孟老师时，孟老师总会经常了解我们专业创作单位的创作情况，同时他很高兴地看到他的学生们都已成为上海乃至全国美术创作的骨干力量，并不断有新作涌现，这也是孟老师感到极大的欣慰之处，毕竟他所从事的美术教育事业结出了丰硕的果实。如今我们成了老一代的艺术家，我们的学生也成了现在美术界的中坚力量，一代代的传承，生生不息。历史将永远记住我们的前辈艺术家和我们的老师们的丰功伟绩。

感恩孟光老师

任丽君

上海美专曾经聚集了很多有名望的老师，其中孟光老师是我们学生公认的好老师，他把一生全心全意地贡献给了绘画教育事业，在纪念他百年诞辰之际，同学们无不带着感恩的心情，思念和倾诉孟光老师曾如何把我们引入艺术的大门，融进美妙的艺术殿堂……

我是孟光老师绘画教育受益者之一。半个世纪过去了，忘不了1964年9月，我们20位同学愉快地戴上了"上海市美术学校"白底红字的校徽，又幸运地被安排到由孟光老师当素描基础课教师的班级。

我们班级的文化课教室是在华东政法学院韬奋楼的大钟楼下，进门右边的第一间。素描教室则是沿着回廊左转的偏中一间。我们不会忘记当年在教室里等待着早已久仰大名的孟光老师时的期待和欣喜。他穿着白衬衫，衬衫松松地扎在深色西装裤腰内，虽瘦削但精神，儒雅而帅气。他严肃而亲和的话语音色偏高，显得很有力度，至今仍会在耳畔回响。

早在1959年，我姐姐任美君考进上海美校不久，我就常听到她讲起孟光老师教学很有办法，爱学生，除了白天上课，夜自修还留下来给大家辅导，交流聊天，同学们都喜欢他、敬重他。每年到宝山县大场下乡，他都跟学生同吃同住同劳动，指导风景写生。

孟光老师1959年同上海美专第一届学生（任美君等）在宝山大场下乡劳动

孟光和上海美专64年级学生在一起，左一为任丽君

我那时才13岁，之前曾在少年宫学画，自姐姐考进美校后，就开始跟着姐姐和来我家聚会的学长、学姐，较正规地学习素描和速写，以至我1964年进校后，在孟老师班中，我的素描习作与老师教学的路子非常一致，进步也很快。经过3张石膏头像素描写生，我就从班级第三名跃升到第一名。

在教学中，孟光老师总能根据不同学生的水平，给予最及时的指导。他又经常把魏景山、丁荣魁等高年级同学的素描速写作品展于墙上，给我们作生动的分析、引导。有时也介绍一些他喜欢的欧洲名画，丰富我们的艺术史知识，提高审美情趣。孟老师很喜欢罗马尼亚印象派画家尼·格里高莱斯库（Nicolae Grigorescu），最反对画死人照片的那种擦笔画，说味道不对，方式不对，不是艺术。有一次一位学生在课上用炭笔画磨磨擦擦，脏兮兮，掌握不好形和色素，孟老师及时纠正了他的方式。到第二学期下，全班同学都有了飞跃的进步。这与孟光老师绘画基础教育时所费心血及他的教学方式分不开。

与多数老师不同的是，孟老师特别注重在教授基础练习时，对学生艺术气质的培养。他是老上海美专的学生，那时刘海粟聘用的都是留法的画家，审美启蒙也随之受影响的孟光自然也传递给我们。我记忆中他常反反复复强调：画画要抓感觉！感觉！先要找到你准备画的对象最吸引你的角度、美感，整体观察，描绘过程中时

1964年,孟光先生与64年级同学在韬奋楼上海市美术专科学校校园内合影,(63年级和64年级是上海市美术专科学校的中专部,韬奋楼曾是上海市美术专科学校校址)图片为任丽君提供

孟光和美校学生在一起

时不忘抓感觉!素描作业大多是长期的,画得久了会忘记,去抠局部,他提醒我们要经常起来退后看,这样就会发现问题。或者到外边走一下,回到画前又会有新鲜的感觉。再用各种比较的方式,由感性到理性的思考,纠正形或色调的问题。首先要抓大的感觉,光源照射在石膏像上产生的美感,再处理亮灰暗的分布虚实。比较物体各个起伏所投下的阴影,暗部其深度和边线的虚实都不一样,如鼻影最深,眉投向眼眶的影其次(两个眼眶还有深浅虚实)。他强调交界线的重要性,它是物体内部的轮廓,是以物体结构转侧的形的坡度不同产生的宽或窄的面,不是线,等等。孟老师每次进教室上课把主要问题讲解分析后,就穿行在学生架起的画板与画板之间,迅速指出画面的毛病。但又不是一刀切,而按每个学生的需要,指出进一步提高的办法,如何把握整体及深入刻画细节……

张弛有度的教学管理,我是较早的受益者。当老师发现我大调子掌握后没办法再画下去时,他坐下来帮我很具体地用铅笔线排出不同的重叠的面,有的几条线成一小面,线线面面交织,灵巧地刻画石膏头像的眼部。他的示范表达出一种抓灵感的手段,并嘱咐我画左眼要同时观察右眼的高低虚实……我渐渐掌握深入刻画具体的形,随时回到大色调的整体,每深入一步都不用橡皮。孟老师启发我观察、比较、思考、判断,让手潜意识跟上,真是越画越着劲!在老师的启发下,我喜爱上了素描,课外还借了石膏像继续画。

"文革"前夕已经不允许画外国石膏像,而只能用中国石膏教具,孟老师想尽办法打灯光弥补其立体感不足的短处。画了两三张中国石膏像作业后效果不好,孟光老师冒着受批判的风险,还是布置我们画希腊太阳神石膏胸像,光打得与他给我们看的魏景山留校作业那张一样,使我们学习有了方向。1966年1月二年级上学期考试作业,还布置了莫利哀胸像。

每看到这些作业,我更怀念孟光老师。他的教授方式、审美理念深深融于我一生的从艺意识中。他教我们,要抓紧时间,挤时间画画,要有与普通人不同的眼光,对熟视无睹的事物要关心,时时观察生活中可以入画的人或场景。对色调、光影、氛围之美,要敏锐快速判断。要求我们除了上课,每天画5张速写,不少同学都是买称分量的纸边来画速写。敏锐的观察力在坚持速写中得到锻炼。

我记得孟老师在分析速写时,强调关键是要用最简练的线条抓住对象的动态和神态。画忆苦思甜,只注意脸上的表情,是表现不出有说服力的画面的,王式廓的作品《血衣》,控诉的动态才产生感染人的力度。我后来体会到这就是要在速写最简的动态线中,抓肢体语言的感觉。这种能力在以后的人物创作中是最重要的基础。孟老师让我记住了在绘画作品的开始及过程中,都要保持一种敏感,一种热情,即当初对象打动你的兴奋点。在反复画的过程中，潜意识地解决问题、技巧的能力也就随之提高。

2001年以来，我除了专业创作，还被聘到上师大美院教素描色彩基础课十多年。在教学中，我也以孟光老师的方式教学生，让学生知道学习绘画，因热爱而忘我，从对艺术领悟和神往的高度，自觉深化。

孟老师的教导，使我在50多年的工作学习创作中，能有坚实的基础，有提高的勇气毅力和不断扩展的创作能力。2018年夏，我在上海油画雕塑院的个展"薪火相传——任丽君作品展"是最有力的证明。1964年至2018年，150幅作品从孟光老师的课堂作业、梅陇劳动时的风景人物写生作品，到我在全国各地深入生活写生习作、创作草图，各时期的大幅油画创作，从人文主题创作到个性化充满阳光的色彩语言的作品，都离不开孟光老师的基础启蒙教育所打下的基础。

我努力把我从对生活和自然感悟到的美，用绘画艺术色彩说话歌唱，使不同语言的人们都能理解欣赏我所表现的美，色彩引出乐感的联想……

我深深感恩孟光老师为我的艺术之道所铺的路，至今我仍不断创作新作品，为社会增添精神食粮作点贡献，怀着热诚自信地前进！

1981年，孟光老师生日聚会合影。上海美专64年级的学生，左起：李含华、任丽君、张芷、陈小珍、丁娜（照片为丁娜提供）

我的丹青岁月

宋正玉

2018年初秋，我在"闳约深美——刘海粟师生作品展"开幕式上看到孟光老师的油画风景《周庄》，色彩丰富而明亮，娴熟地运用了油画刮刀的技巧。手捧画册，看到孟老师曾有《归航》一作反映海军战士生活的油画创作，为中国军事博物馆所收藏。而我作为南京艺术学院校友会上海分会校友也参加了这次展览，"老中青"三代学生美术作品相聚刘海粟美术馆分馆。

面对孟光老师的作品，他那慈祥的目光渐渐浮现在眼前：50多年前，还是少先队员的我，怀着五彩梦想跨进韬奋楼上海美校中专部的大门，这是我艺术道路的起点。在这里，是孟光老师为我打开了精彩纷呈的世界，有了透视、体积、空间、质感、笔触等的记忆。孟老师因材施教、触类旁通、严谨治学的方针，使我渐进佳境……然而不到两年，一场始无前例的浩劫开始了，家被抄、老师被打进牛棚，5年后我无奈成为美校历史上第一个当农民拿工分的女生。

在黄海边没有电灯的偏僻小村庄，看着自己一双曾经拿过画笔的手拿起了镰刀锄头，我苦闷过，做梦都想重新拿起画笔！但事实却是无法想象的：我曾奉命对着死者写生，画过几次擦笔画遗像。第二年有幸参加县文化馆美术创作学习班，创作的两幅宣传画在上海出版。在宣传画创作中得到了孟光老师当年在新四军文化工作队共事过的江苏省美术馆第一任馆长康平和著名宣传画家哈琼文的帮助。

有一次孟光老师写信给我，因一字之差寄到了邻县的文化馆，当我在南通地区文化工作会议上得知有这么一封信时，信已被退回了上海。1971年春节前回沪探亲，我找到了上海美校天津路新校址看望老师，孟老师对我说："学校开始招生了，准备考大学吧！"看着孟老师饱含着对学生的爱和深切期望的眼神，一股暖流顿时涌进我心头！离开母校到苏北务农已经3年，而老师还关心着我的前途与成长。

后来我又被借调到江苏省文化局出版科（出版社筹）工作，出版了两本少儿读物。插队时画的速写也在《人民日报》发表，并入选人民美术出版社出版的《速写小辑》。

回忆起孟老师的教学，点点滴滴记心头：

在素描教室，你教我们画肖像，要画出人的精神面貌。

在图书馆，你要求我们博览群书、博采众长，汲取艺术精华。

在美术馆，你教我们欣赏美术作品，领略画家的感受及表现手法。

在梅陇农村的田埂上，你教我们画风景，理解光与影、色彩的冷暖分析与处理。

在西郊公园，你教我们画动物速写，掌握动物习性，抓大动态！

几十年来风风雨雨，因为有了阳光，有了老师你的鼓励，使我备感温暖，有了前进的动力，为我进南京艺术学院美术系油画专业学习打下了扎实的基础！

多少次路过思南路77号，孟老师正在静静地作画。

多少次路过思南路77号，楼上的灯还亮着，那是你与同学们在探讨艺术……

从懵懂少年到美校学生、知识青年、大学生、美术编辑、美术教研员。当我参加市教委一期课改中上海市中、小学美术教材的编写工作，并负责全市中学美术教师新教材试教工作；当我把充满油墨香味的14本美术教材呈现在孟老师您面前，您露出了会心的笑容！我像一个传承者，手握接力棒，从老师那里传达到中小学学生美术老师手上。美术终于成为我热爱的事业，真正实践了"薪火相传"！

追忆孟光老师

夏葆元

我与孟光老师相见，是在入美专以前，但并非在著名的孟光画室中——20 世纪 50 年代，孟光在当年法租界的思南路 77 号辟室授课，美术青年趋之若鹜；我初见孟光老师，竟是在西子湖畔的一个石洞之中。

1957 年，我在杭州念初中，兼学一点美术；那个夏天我意外撞见了"反右"。由暑及秋，斗争尘埃初步落定，一帮惊魂未消的同伴约我去紫云洞耍子儿，在洞内见到两个画画儿的人。识货的同伴告诉我，他们一个叫孟光，一个叫任微音，都是上海有名气的画家。那年酷暑沪杭懊热难当，可想，他们肯定是为图清净，而结伴来杭州写生偷闲的。

理着锅盖头的那个少年双眼紧盯着叫孟光的画笔起落，唯恐稍稍走神便错过了什么。透过肩头，画布上慢慢出现了洞口巨石、树影错落，秋阳白炽正照在附有青苔的石面上。当下，少年便决定全程跟踪，至另一个写生点"黄龙洞"，仿佛彼此有了交谈的机会。

隔年我被遣散回沪，再隔年我便考入母校。

在众多教师里，我瞬间就认准了主课专业的那一位，正是我对其后脑比颜面更为熟知的叫孟光的画家，孟光也想起了洞里的事，一眼认出了我。从此，我与师长结下了数十年的师生之谊。

我对老师早期的记忆总与某些场景联起来。

1959 年，在徐家汇洪英图书馆内，一栋普通楼房是母校第一处校舍，二楼为素描室。那里天花板特别低——可能是个夹层，室内多方柱，把空间隔得十分局促。方柱，正好挂着供写生用的石膏像，还有很多的维纳斯、奥古斯特、阿克里巴和酒神等等，全是颜文梁先生早年从欧洲请来的"缪斯"，虽一再翻铸已面目不清，但一经发烫的铝壳强光灯的照射，却变得分外生动夺目，其明暗交界线分明，细部寸缕毕现，亮部的反光，竟容易被误认为和受光面一样亮。孟光老师侧身穿梭于画架夹缝间给学生辅导，他向我们揭开了光暗和造型的奥秘，以及诸多简单却毕生受用不尽的原理。曾记否，教室里几十枝铅笔竞相画在纸上，同时作用于画板而发出的那种空洞的此起彼伏，时断时续急风斜雨般的声响；期间有孟老师的讲述，他不时咳嗽一记，轻叹一声。这便是我们熏陶其中的那个环境，我们视觉审美经验的开始，也是 60 位同学早期的集体记忆。

我并不以为与孟老师的洞中"前缘"，使他格外厚待我，他挂心于每个学生，特别是那些从农村考上来的、裤腿还露出一截红色秋裤的学生，他屡屡赠与铅笔颜料等物。事实上他在审察我的习作时，经常重叹一口气，这里不是，那里不是的，几乎从不表扬，但凡稍有天分或者仅仅是肯学的学生他都钟爱，一视同仁。

不久，发生了一点麻烦，我被分去学广告设计，老师深知我的志向乃绘画，如此二年仍未放弃我，于毕业前的关键时刻，他与何志强老师暗中和校方陈情力争，终于帮我与同班的丁荣魁、毛兆明三人调整了专业。1961年岁末一个寒冷的下午，我万念俱灰正蒙头睡觉（我必须储备能量，以应付寒冷和自然灾害），孟老师兴冲冲爬上三楼寝室，他告知我："你归队了！"这一句"归队了"至今犹在我耳边。孟老师如此在乎学生，须知在那个年份是颇为冒险的，有引导学生走上"只专不红"死胡同之虞。

长久以来我不能确定老师是否受到过校方的非难。在我眼里，老师不快乐，总有几分郁郁寡欢，在某几日显得特别消沉，不与学生多作交谈；直到20世纪70年代，老师未老而见苍凉。

我们是未经世事、不明就里的一群，以为老师总是老师，终归要高学生一等；岂知，教师也有左、中、右的等级之分，甚至还有令老师"头疼"的学生。10多年后的某次，孟老师对我抱怨，说是在他家中客厅讲什么话，隔天校方都能知道得一清二楚，而每当发生这类情况时，总有同一名学生在场。早年的我们更是愚不可及，冲进教师的进修室，那里有多名老师在作画，我们往往拥着孟光老师而轻忽了其余老师；我们甚至不能识破他一声声轻叹有什么征兆。孟光老师的油画技法是卓越的，他擅长于淋漓尽致、流畅地运用色浆的不定型去表现和塑造，这种手法正满足了年轻学子对油画的想象和好奇心。当年的我们如果够精明的话，应该提出这样一个疑问：以老师的资历，他仅在20世纪40年代中叶求学于"上海美专"吗？众所周知，刘海粟那所学校崇尚的是后期印象派及野兽派风格。未几，时局恶化，孟光投笔从戎参加了新四军，供职于文化宣传队，后离开军旅，在上海自立画室。很难解释他何以另类于"上海美专"，又从何处学得一手50年代流行的苏派画法，以至于十分符合当时的风尚，正如何振志先生所说，"在当年的上海美术界，孟光是属于跟得上时代，特别能画的一类"。唯一的解释是他聪颖和才气过人。

20世纪50、60年代，老师风华才情并茂，作品在美展中很是出挑。他有订件、有出版物和博物馆收藏（大型油画《锻工》《返航》和电影招贴《海魂》等等），学生们有意追随，争睹其新作。孟老师一贯以造就美术人才的教育匠自许，他恪尽心力，从多难的壮年、中年而渐入老境，都在那条不甚畅通的路上行走，从未间歇。老师与他的众多学生由师及友自不必说，对于校内不起眼的工友，他也同样施予厚待。他天生的儒雅之风，以及些许慵懒加上谦让，十分具有吸引力与亲和力。他是一位可以被学生心甘情愿称作"恩师"的长者，孟光老师将长久为后世所缅怀。

纪念孟光老师

许余庆

孟先生美姿挺拔，风度翩翩，平时服装整洁，腰背挺直，身着中山装，风纪扣从不敞开，下班推着崭新的26寸自行车，慢条斯理地从韬奋楼的走廊里出来，样子帅极了，在我的脑海里就是一个中年帅哥的形象。

进美院之前我从未正规地学过素描，仅凭喜欢画速写，当时买了一本《速写范本》在花马路集市上写生。

进校后，孟先生的素描讲课及示范，使我大开眼界，我像一块干海绵遇到了水，尽情吸收。

他上课极其认真，帮学生示范改画时，边画边说，切中学生要点。讲评课上他说："你们谁画得好，谁还不够，你们心里都清楚，今天讲画素描容易犯错误的地方和应该注意的方面。"他把学生犯错的共性讲得非常形象彻底。平时在教室里巡视，看到同学画对了阴暗交界线，他拿起画来给大家看，大声说："对！就是要这样，就是要这样！"孟先生很爱预科一班，还曾担任了我们的班主任，恨不得把自己多年的心得和技能一股脑儿地全教给学生。

三年级时素描长期作业完成后，有多余时间，我仿照费欣的技法，画了模特"大白包"的大头像。孟先生看到后点点头，并把此画贴在他办公室的左侧墙上，使我动力十足，倍加努力。

毕业时，孟先生第一个给我透露我要留校的消息，说六人留校专业老师都推荐了我。隔几天沈凡要我到他家里去（复兴中路一新式里弄）说："你已上报留校"，并勉励了一番。结果，结果未成，成为第一批四个人被分配至文化系统工作。我在市文化局报到后被分配到闵行剧院任美工。

工作后我仍不能忘怀母校，经常去韬奋楼和天津路看望孟老师，也有点故事。

我们单位由市文化局拨调一辆英制大炮四冲程摩托车，当时无人会开，我去徐汇区国防体育俱乐部学习，考驾照后常去韬奋楼，孟先生童心未减，也喜欢摩托车。他在中央大道试车，我在后奔跑保护指导。后来国产第一批助力车出来，孟先生和许力民老师都买了一辆，我们在思南路家切磋车经。我去时正值中午，他说："饭还没有吃吧，我已准备了肉丝炒面。"随即亲自在煤气灶上炒起来。真是恩师如父啊！下午许力民老师来后三人一起谈车经。当时汽油难弄，助力车加满三升我大炮车一次十五升，我说："这有何难！橡皮管用嘴一吸，引出，灌进，满上。"

那时我们这些学生经常去孟老师家拜年，现在想来真是惭愧，没带礼物，年轻时一点都不懂事！有次和戴明德、罗静如、刘跃真一同去，他甚是高兴还留了影。还记得孟老师邀我去常熟路歌剧院小剧场看"小刀会"舞剧内部彩排（观众仅七八人），要我和丁荣魁去指导舞美的女儿学素描。

"文革"中期，经人介绍我教了一个小孩学绘画，一段时期后我又介绍给孟老师，他就是陈川（陈冲的哥哥），现在是在美有成就的画家。记得我和孟老师去陈川家里受到盛情接待，他爸是高级知识分子，亲自下厨烧川菜三鲜锅巴，印象深刻。

"文革"结束，各行业渐成正规，影剧系统青年美工业务水平亟待提升。当时我借调在市电影公司宣传科，经上级批准邀孟老师主持选拔了十几个青年美工组成进修班，为期6个月全脱产。画室设在新光影院三楼，住宿在大光明影院顶楼。上午素描、下午色彩，我作为辅导老师和学员同吃同住，和孟老师密切合作半年。

现在回想起来，我十分怀念恩师孟光先生，尽管时间已过去近60年，孟老师已仙逝，我们也已古稀，但学生时代的一切历历在目。他不仅教会了我们赖以生存的技能，有一份较体面的工作（退休后仍能在美术的领域里找到快乐），也教导我们做正直的人，有底气去教育我们的儿孙辈。我感激，我感恩！

心香一缕忆良师

姚进宝

岁月匆匆，弹指一挥，我辈已年过古稀。回溯至1964年秋，我有幸考入上海市美术学校。韬奋楼屹立在原圣约翰大学的中心，周围绿树荫翳，碧草如茵，环境幽雅，真是好一座艺术殿堂。

孟光先生担任我班素描老师，中等身材，面庞清瘦，目光炯炯。他略带常州口音的沪式普通话，铿锵有力。这是孟先生给我的第一印象，至今不忘。

素描课，周一至周六，每天上午，四节连上。21位同学分为两组，各就各位。孟先生先布置所画对象，再提出作业要求。然后，同学们用心琢磨，只听得铅笔沙沙作响。孟先生常在间隙中巡视，如发现问题，及时指正。讲解时，同学们洗耳恭听，有些同学还及时做笔记。孟先生还将美专本科生留校素描习作，放入镜框，挂在教室内，供同学们观摩学习。孟先生在课上不做示范，难得在学生的习作上修改。

孟先生的教学特色是因材施教，所以学生所画习作，各呈风貌，这是孟先生在教学上的过人之处。孟先生的教学，主要是按照他的深入理解与丰富的经验，将俄罗斯契斯恰可夫体系传授给我们：一是结构块面；二是整体局部；三是明暗虚实。给我印象最深的是，他强调局部再精细也要服从于整体，这样才能臻于完美。他强调明暗交界线，一定要处理好，那是音乐中的华彩段落；亮部要有层次，不要灰；暗部切忌闷黑，要通透。这些要点在我以后的绘画实践中始终牢记，并取得实效。

孟先生对我们的另一个要求，就是每天要完成一定数量的速写。我们十分珍惜宝贵的时间。每天6时晨起，跑步做操。上午，素描课。下午，色彩、国画、书法、工艺美术，或语文、英语、政治、体育，诸课轮流。晚自修，完成书法和各课作业，余下时间就练习速写。同学对着同学互画，切磋技艺，取长补短。我们从画册上看到了俄国的列宾、赛罗夫，德国的门采尔，还有本国的叶浅予、黄胄、刘文西，对这些画家佩服之至。孟先生极力推荐他的学生钱贵荪的速写，简练、生动。"拳不离手，曲不离口"，经过不断磨炼，我班不少同学速写水平提高迅速。有的同学至今还坚持速写，走到哪里画到哪里，精神可嘉。

色彩课，第一学期由著名水彩画家雷雨先生教我们水彩，使我们获得了不少色彩学上的基本知识。第二学期，由孟先生教我们水粉。有一次，孟先生布置一只长颈花瓶，插入两枝紫鸢花，还铺上一块衬布，明快亮丽。我在我的座位上用淡彩画轮廓，孟先生站在我身后，轻声说："你起来，我来画两笔。"我连忙起立让位。他坐下，开始对着静物画起来。他用化妆笔调浅色，用厚涂法将背景部分画好，然后画衬布，再画花瓶，不同的色块，不同的形体，刷刷数笔就画好了，最后用浅蓝略带粉紫色将花瓣一气呵成，灵动而有生气。这是我和同学们见到的唯一一次孟先生的示范作品。从这幅画中，我看到了孟先生作画的方法和步骤，目睹了他成熟精湛的技巧，更领略到一位艺术家挥洒自如的风采。同时，我也悟出一个道理：水粉不能"粉"，只有少涂改；落笔要准确，用笔有笔意；色彩须饱满，勃勃有生机。

孟先生还邀请我们到他家做客，会客室内挂着不少他的油画作品。他把夏葆元、陈逸飞等师兄们的习作拿出来让我们细细观摩，并一一加以评论。还谈论起不少有关绘画的话题，谈笑风生，其乐融融。这里蕴含着老师对学生的悉心关爱和殷切期望，也有学生对知识的渴望。

1965年秋，我们离开了留下许多美好记忆的韬奋楼，搬到了漕溪北路的轻工业干部学校内，学习条件和环境与韬奋楼相比，弗如远甚。孟先生鼓励同学们努力学习，说："再有一年的努力，你们的专业水平一定会有一个由量变到质变的新的飞跃。"但是，1966年的"文革"风暴席卷一切。学校停课，老师靠边，孟先生所期待的学生们新的飞跃无法实现。所幸的是，后在北京的中国军事博物馆，我们看到了孟先生的油画《归航》，此画表现了海军战士们归航后在甲板上随着手风琴的旋律翩翩起舞的欢快场景，形象生动，令人印象深刻。我们还看到了陈逸飞、魏景山的油画《蒋家王朝的覆灭》，他们两位都是孟先生的高足，此画一出，轰动了当时的画坛，这正是孟先生所期望的，专业水平由量变到质变飞跃的有力佐证。

本该1968年毕业的我班学生，直拖延至1969年才陆续分配，去参军、去甘肃、去黑龙江、去安徽、去插队，各奔东西，踏上了人生的苦难历程。我被分配到甘肃平凉，先搞图案设计，后改行搞城市规划设计。

1980年我自平凉出差回上海，陪同平凉师范水天中老师（他年长我12岁，是我的良师益友，后考入中国艺术研究院读研，后任美术研究所所长，为当今著名美术理论家）到母校参观访问。那时学校已迁至天津路"大王庙"内。我俩一进门，正巧，孟先生一人站在阅报栏前看报。我恭敬地到他身旁，问候一声："孟先生，您好！"他回头一看："哎呀，是你，姚进宝。"师生10年再相逢，怎能不喜上眉梢呢？我简单地说了一下我的工作情况，他听后不由得呵呵笑了起来："你改行搞城市规划啦？平时还画画写写吗？"我说："因为我学的是美术，规划人才奇缺，上级部门看上了，就改行了。有时还画些写些。"我为水天中老师做介绍，希望能了解一下学生上课情况和教学动向。孟先生马上领我俩上楼，找到正在教课的周豹健（他是我同班同学，当兵复员后回母校当老师），他也热情接待并交流了教学动向。随后，下楼，我俩与孟先生、周豹健握手惜别。我的母校，从韬奋楼到土山湾、再到"大王庙"，生存维艰，每况愈下，不禁长叹。但是，看到孟先生教书育人，一如既往，乐观淡定，这种为师之道怎能不令人肃然起敬呢？

改革开放，人才流动。我于1984年从平凉调入无锡，仍从事规划工作。一天，我在《新民晚报》上惊悉孟光先生病逝，一代良师，驾鹤西去，不胜哀痛。也在该报上看到陈逸飞写的《天堂般的微笑》纪念孟先生的文章，真切感人。

过了一段时间，周绍新（他与孟光先生儿子孟良是同班同学）找到我，告诉我：孟良妹妹的日本岳父青山先生想请上海的书法家写一幅书法作品作为礼物，送给一位日本医生，该医生在孟光先生在日本生病期间曾热心为孟先生治病。请谁写？远在日本的孟良请周绍新设法帮忙。为此，周绍新想到了我。他认为我是孟光先生亲传弟子，在当时的同学群中算是书法方面的佼佼者。我答应了，书写一首李白七绝，由周绍新转送给孟良，并附一短信：为孟光先生事写幅字，义不容辞，理所应当。

后来，孟良又托周绍新相告，说是青山先生看了我所写书法，甚为喜爱，问可否再书一幅作为收藏。于是我写了李白另一首七绝，以赠。

不久，周绍新带来了孟良送我的一块男式手表，我保存至今，偶尔还拿出来观赏一下。这块手表表达了孟良对我的谢意，同时，也连接着我对孟光先生的怀念。

谨写短文，缅怀良师。心香一缕，思念悠悠。

77号"诺亚方舟"——与孟光恩师相处的日子

赵渭凉

旧金山的夏季都像冬天一样寒冷,来自太平洋的加利福尼亚寒流似乎忘记了季节的更替,浓郁而洁白的海雾悄悄地搂抱着举世闻名的金门大桥,美丽而虚无缥缈,恍若仙境。我经常会默默伫立在离大桥不远的山岗上,望着远处这海市蜃楼一般的城市,倒也增添了不少充满诗意的梦幻。

其实人生也常常会如梦一般的玄奥,昔日我曾居住在外白渡桥旁的石库门里,谁知今日却落户于金门大桥畔的索萨利托的山上,有时梦中竟然遇见了久别多年的孟光老师,他那慈祥的微笑,顿时暖醒了我们曾经在一起的日子。

艺术沙龙

"文革"中期的某一天,逸飞友说要带我去认识在上海美校的老师孟光先生,那是一次求之不得的拜访,让我兴奋不已。当年老一辈的画家们都已靠边了,包括我已经认识的"华东第一大画家"俞云阶先生,他也是孟老美校的同仁,执教油画,两位导师造就了日后被誉为上海美校"三杰"的陈逸飞、魏景山、夏葆元。

孟老师的家兼画室坐落在幽静的思南路上,在那个动乱的荒诞年月,昔日租界时代留下的法兰西旧洋房,在茂密的梧桐树掩映中虽然显得有些斑驳憔悴,但孤傲雅致的贵族风度仍然依稀可见。我俩拐弯进了77号,庭内小花园因缺乏打理,显得有些零乱不齐,但也有不少绿色植物零星点缀其间,增添了不少景色。

上了几级台阶,顺楼梯登上了二楼,径直进了敞开着门的客厅,只见先生从藤椅上站了起来与我们打招呼。先生中等个子,背光下手指间夹着一支香烟,一丝青烟正随着他摆动的手袅袅舞动,在有些幽暗的房间里飘绕,显得格外神秘。逸飞介绍了我,当时我是育新中学的一名美术教师,先生和蔼可亲的笑容顿时让我放松下来。他叫我们坐下,当时墙上的玫瑰花静物油画,它的颜色、笔触至今让我印象深刻,之后聊了不少。从此,在艺术的"苦旅"中我又找到一位好导师。

造诣深厚的画家孟老师也是一位学贯中西的美术教育家,家中每天前来求学的人络绎不绝。不管白天还是晚上,孟老都会敞开大门,无私地免费教育,毫无保留地向求学者传授他的绘画理念与技巧,柔雅的常州语调从无高音的言语凝聚了大家的心灵。

那时,在纯艺术一片灭绝的大环境中,就是在这间40平方米左右的客厅里造就了一大批美术人才,可以说上海40后、50后和60后的三代有点成就的画家几乎都受到77号的"洗礼"。在那个艺术"洪荒"的年代,思南路77号就像一艘上海号"诺亚方舟",让众多渴望艺术真谛的学子看到了彼岸的希望,孟老师成了当年的"艺

孟光在家接待外国专家,
左一孟夫人,左二张拓,右一赵渭凉

艺术家聚会,左一邱瑞敏,左二赵渭凉,
右五陈家泠,右四吴慧明,右三孟夫人,右一张阳

教父"，思南路 77 号也成了上海"第二美专"的代名词。

之后，我有缘成了先生家艺术沙龙的常客，经常与画友们和美校三才子在那儿相聚切磋画技，观看好作品，同时结识了不少同道好友。出国前夕，有一段时间我与陈家泠、杨正新、施立华、陈川、张阳等人聚在"77 号"，聊着许多包括探索、关于未来的预言，构想着未来。先生儒雅的谈笑使我记忆犹新，先生的烟和别人的烟不断地你来我往，袅袅上升的烟雾，让大家沉浸在淡蓝色的色调中，没有了时间概念，经常聊到深夜仍不舍散去，先生的客厅成了大家心灵的归宿。

素描电影

孟老师编导的"素描"电影是在"文革"刚结束不久。那是 1979 年，我在上海教育学院任教期间，当时先生正想做点新的教育尝试，加上我也是个闲不住的人，在与艺术教研室包贻豪主任达成共识后，经过大家的努力，策划尝试采用电影教学片普及艺术教育。我们请了孟老导演编剧《素描》黑白教学片，由电化组专家唐文亲自操刀负责拍摄。

教学影片中孟老生动形象地展示了他的素描教学体系，再现了陈逸飞的铅笔素描《女中学生》带手半身像作画的步骤，模特儿是中学美术教师张海城推荐的学生。从摆模特、观察、起稿、局部与整体的刻画，逸飞根据孟老师的指令，步步为营，一直到调整完成，占据整个影片的三分之一时间，这也是逸飞形象首次进入影片中，不过没有一个正面的特写景头。接下来是夏葆元的炭精棒老人半身素描，画面潇洒、淋漓尽致、时快时慢的黑色线条在舞动中没有雕琢的痕迹。魏景山的人物头像是女青年陈淡容，用木炭条画，缓缓的节奏，犹如他在拉圣桑（Charles Camille Saint-Saens）的《b 小调第三小提琴协奏曲》。接下来是赖礼庠的少数民族水墨人物画，笔笔在水墨交融和谐的色调之中进行。还有我与吴健在工地上的动静态速写，以及陈丹青芭蕾舞校练功少女的速写。

作示范的都是孟先生校内校外的子弟，当时我与汪铁、左建华等人参与了从编剧到剪辑的全程工作，前前后后拍摄了几个月，影片片头"素描编导"署上了孟光的名字，并由上海人艺奚美娟担任解说配音。影片最终呈现在大家面前的不仅仅是各种不同的素描技巧，更有一幅幅完美有个性的艺术作品，也是孟光素描体系形象的生动再现。

先生师从老美专的先辈们，从刘海粟等儒雅先生们那儿继承了民国时期文化的精粹，又吸收了苏俄时代列宾的传统和契斯恰科夫素描体系的灵魂，加上上海海派的教育实践，造就了孟老师素描崭新的独特一派。

拍摄完成后由上海教育学院电化组出品，有20多本拷贝发行至全国省市各教育机构，16毫米型号胶片，片长约25分钟。同时孟老师和他的弟子们分别被邀请讲学，去了杭州浙江美院(现中国美院)、广西柳州及上海周边等地美术界、教育界放映此片进行交流。当年可谓上海素描一统天下，孟光画派的传播，也是孟光老师一大教育杰作，在当年影响深远。可惜时光如梭，物是人非，将近四十年后的今天，再想找到此片竟无处可觅了，至今尚未有下落。

开拓者

陈逸飞第一个去了美国，不久便邀请孟老师赴美访问交流。那天我与张阳、孟良、孟云一起去虹桥机场送行。老师显得格外兴奋，这毕竟是先生画了一辈子西画，第一次有机会跨出国门，去外面的世界看看。孟老师回国后带来了国外综合大学设立艺术学科的信息，完全不同于我们的传统专业美院的体系。

1980年初，当时改革刚起步，加上孟老师与交大党委书记、教育改革家邓旭初关系密切，在范绪箕校长的支持下，1981年终于在中国著名的理工科大学上海交通大学，破天荒地设立了艺术学科。孟光和吴大羽任艺术部正副主任，国画组主任戴敦邦，油画组主任夏葆元，我当年也有幸由孟老推荐下调入了交大。

记得1982年美术创作研究室全体人员的美术作品，隆重地展出于上海展览馆大厅内(原中苏友好大厦)，在上海艺术界与教育界颇为轰动。那段时间也是我写实创作生涯中最重要的一段历史，当时全国唯一的《画廊》杂志刊登了我的油画《渔仔》作为封面，之后世界八大收藏家美国的威斯曼先生以2万美元收藏了《蟹》和《云岗石窟》2幅油画。当初由陶锦荣主持日常工作，并邀请了上海著名画家俞云阶、朱膺等为艺术顾问，云集了一批上海当年的精英们。孟老师的艺术理想正在一步步实施中，可惜，仅仅是昙花一现，犹如海市蜃楼。

原本文艺部美术研究室是以"一边搞艺术研究、一边进行教学"为宗旨，但最终大家都变成了忙于基础教育的启蒙教师，没有了艺术的创作与研究，偏离了孟老师的初衷,即走高端文艺科学相辅的设想。尽管我们有最高层邓书记、范校长的支持，但仍处在传统的行政体制管理下。这段时期我们为大学生开设选修艺术课程，同时面向社会办了几届工艺绘画进修班，并在上海美术馆举办了首届进修班学员的结业作品汇报展，在一定程度上解决了在职美术人员的进修需求。

几年下来由于阻力不小，我们的工作仍得不到认同，加上1983年全国的"严打运动"扩大化，在这形势不明的情况下，孟老师无奈只得谦让隐退，大家折腾了多年，感到没有了希望，于是开始寻求出路。我于1986年离职，结束了21年的教师生涯，也断然走出了国门。我们与先生一起经历了6年之久辛勤的努力，最终以大家的纷纷出国而告终。

但这之后，全国的大学都掀起了办艺术学科的热潮，这也算是对开拓者艺术教育家孟先生迟来的回馈吧。

爱女的跨国恋

另一插曲是孟老师爱女的跨国恋。1985年我带领上海交大绘画进修班学员去西部体验生活，在九寨沟遇到了来自美国会讲中文的英俊青年爱博，我与他开玩笑说，到上海来找我和张阳，我们会为你介绍个上海姑娘。

不久，他真的来找我了，我想起了孟先生的掌上明珠，擅长跳舞的爱女小莉。我记得那天晚上，约定在国际饭店对面的人民公园旁会面，两人一见钟情，聊着聊着，忘记了时间。我身旁的黑色永久牌自行车在暗淡的路灯下闪烁着，我呆呆地坐在马路边上等待，抬头望着对面的当年上海最高楼国际饭店，此刻心中暗暗窃喜，这是成功的预兆。

后来不久，他们就在约会地点的对面——闻名的上海国际饭店宴请了我们，艺术圈子里的师长朋友们前来祝贺，参加了他们的婚礼，有老一辈的俞云阶、朱怀新、沈柔坚，还有陈家泠父子、杨正新、施立华、陶锦荣、夏葆元、邱瑞敏、吴慧明、吴健、洪基杰和张阳等。记得我去了美国后，第一次回国又见到了美满幸福的小莉、爱博，这次多了一对可爱的童男童女小天使，在饭桌上只见孟先生和马老师满面幸福的笑容，在座的还有家泠伉俪和刚从美回沪的张阳。那是1992年，那时大上海仍在苏醒中刚刚起步。

我做成不少大媒，能回报吃到18只蹄髈的算是他俩了。说来也有趣，大约是2006年，我在上海宜川路一处工作室——由企业家季宝红先生提供的豪宅。只见从楼下上来的爱博，扛着一条金华大火腿，一本正经地给我送礼。他没乘电梯，而是从一楼一直爬到十八楼我的画室，他说走了18层就算替代18只蹄髈，其实当初我是跟他开玩笑的，可这位可爱的美国佬竟然也认真，懂得中国式的感恩，让我也很感动。

诀别

与孟先生最后一次见面是在1995年8月前后。我第二次回上海去看望老师竟然成了诀别。记得，走进思南路家感觉周围冷清了很多，不见昔日的学子们串门。我到了二楼抬头望见马老师出来招呼我，走进客厅好像空间缩小了许多，叠满了书，周围散放着零星的画框，只见先生坐在昔日破旧磨亮的藤椅中已站不起来了。

墙上的玫瑰静物老画依然悬挂着，在另一侧增添了一幅半抽象的大幅静物作品，是先生的近期作品，高雅的淡蓝色，淋漓而奔放。我在画面前站立了片刻。这时，我不知怎么，突然联想到梵高的那幅深蓝色调的《星空》，那画中灵动的有些抽象的旋云像位忧郁的舞者，如梦如幻，如泣如诉。

此时的室内也没有了昔日熟悉的烟味了，但我能想象大家的余音笑声似乎还回荡着。此时先生吃力地时而喘着气跟我说话，说身体不好、烟也戒了。肺气肿多年的先生看上去明显消瘦了，他缓缓地轻声说，你有时间的话，我想跟你讲讲过去的一段新四军美术宣传队的历史。我当时跟在旁的孟良说，因我明后天马上要回美国，麻烦你买一台小录音机让老师口述就行了，以后我来整理。谁知没有几个月，先生竟溘然长逝了，为此我很遗憾，没有为老师解决他最想澄清的一桩心事，留下一段弥足珍贵又不为人知的真实历史。

我在洛杉矶时听到从纽约传来噩耗，惊悉一代艺术导师孟光先生因病于1996年2月29日在上海逝世，我们在美的学子们集体送了花圈，悼念一代杰出的教育家孟光先生。不久逸飞为他创立了"孟光艺术基金会"。先生那个时代由于所谓的不明历史受到了无名限制，他曾苦苦地为艺术教育事业不懈地努力，一直到上海交大开创艺术学科，但他这位"儒雅"之士终究无法摆脱屡战屡退的命运，他的远大理想在那时也是无法实现的。

当下人们早已忘记曾经有个好好先生，只有知道陈逸飞后才知道他背后有一位老师叫孟光。在葆元兄的追忆文中孟老师是一位"儒雅之风的恩师"，在陈川的一代学子中，称他们曾生活在"孟光时代"。多年了，我作为一个校外学子，一直希望有朝一日能见到一本纪念孟光先生的书，几年来在家泠长兄督促与陈志强先生的努力下，最终在上大美院院长汪大伟先生的支持下，说今年有望能出版了，但愿早日圆梦。

先生走了多年，逸飞也走了多年，我想先生与他的爱徒一定又在商议着新的艺术，逸飞也一定会在天国创建"孟光艺术馆"。这一段昔日的历史也是上海的骄傲，孟先生把他清苦的一生献给了艺术，把他的才华无私地献给了学生。他是一位开拓者，后来者不会忘却那个艰难的岁月，特别是先生给予学生们的爱，已超越了一切。

拼凑失去的记忆——怀念孟光先生

赵以夫

孟光先生走了，走在20多年前的一天，离开了令他为之奋斗、期待、作为和遗憾的人世间，带走了他的一切……

我在追忆中寻找先生笑容，在无限思念中拼凑着当年温馨的画面。

记得在20世纪70年代，这是个动荡的大时代，我们这一代处在无助、无奈的大环境中。动荡社会使年青人迷失生活的方向，当时孟先生的家——思南路77号就成了我生活中不可缺少的组成部分。1971年当我还是中学生的时候，一天由我姐姐带着走进了孟光先生的家——思南路77号2楼。我轻轻地推开乳白色的房门，孟先生端坐在沙发上，身着白衬衫，削瘦的脸庞，双目炯炯有神。听明我们的来意后，他脸上露出灿烂的笑容，那是多么的温馨。孟先生亲切的、软软的带着常州地方音的沪语，倾刻间融化了我。我的紧张之感顿时消失了。孟先生轻轻地将我的习作放在地上，招呼四周学画的同学围成一圈，耐心、仔细、诚恳地指点，不时用手中的橡皮在裤腿上擦擦，然后在习作的关键部分擦出高光部分。这样细腻的举动让我铭记在心。浑然不知中，从这天开始，我走进了孟先生的生活和艺术之圈，这是所有学画学生渴望的地方。至今我仍以是先生的学生为荣，引以为傲。

从此思南路77号就成了我的学习绘画之地。在跟随孟先生的岁月里，无论是艺术还是人生上，先生以他的大方、包容、儒雅、智慧教导我。先生从不夸谈艺术之理，更不提及成就伟人之道，只是看画论画，着重技术，朴素无华，实在可赞。孟先生的口头禅是：绘画一定要整体入手，虚实有别，突出重点，处理必须要有味道。现在回想起这"味道"，多么朴实，多么人性化，这就是艺术的真谛，让我终身受用！孟先生身上浓缩着中国文化人的人文气息。在他的客厅里，各路的学子、画家聚集于此，人群一批又一批，专业的与业余的，新学子与老同学，陌生的和相识的，先生总是笑脸相迎，热情指点……

记得有一次孟先生叫我去参观陈逸飞和魏景山正在画大作《占领总统府》的工作室，他告诉我，这两位画家实为不一般，要好好学习。可是到了这天，当时我还是进厂不久的小学徒，领班死活不让请假，先生怕我失去机会，特派人到厂里来叫我。虽然最后还是失去了这机会，但从先生身上发现了十分令人感动的品质，优秀的师德令我终身受益。

岁月随着我们的成长而流逝，动荡的年代恢复了平静。我得幸成了美术学校的学生，毕业后随先生去上海交大，这一切都伴着先生的影子。国门已开，先生鼓励我们要闯世界，学习更多知识，了解世界。在国外我曾与先生有过相聚，慨叹万分，励志满满。虽然有现实和理想的隔离，有文化差异，但相互支撑的信念让我们自始至终手执画笔，没离开画架。1996年，在国外我们获悉先生仙逝之消息，身处海外的同学们悲伤之情难以描述。先生走了，他带走了我们所有的期盼和回忆。那天，我们相聚一堂，追思先生生平点滴，开始还你一句我一语地述说着，刹那间，变得鸦雀无声，寂静无语。我望着窗外湛蓝的天空，在朵朵白云之间看见了先生灿烂的笑容……我们合掌为您祈祷，愿先生天国一切安好！

忆恩师孟光先生二三事

周豹健

我是1964年考入上海美校的，孟光老师是我们班的专业老师。因为在校学习期间曾经担任过班长，毕业了去部队后又重新回校任绘画教师，乃至再后来和孟老师一起负责油画系的工作，这些缘故使得我和孟老师的交往更多些，也更亲密些。正值校友们发起纪念我们的恩师孟老师之际，脑海中不禁浮现出以往和恩师交往的断断续续片段，回忆在此与大家分享。

当年的美校，在社会上的声誉是很高的。对于我这么一个怀揣着艺术梦想，奋力考入了美校的少年来说，面对即将开始的学习生活，内心是很有些忐忑不安的。艺术在我的心目中是神圣的，而那些教授艺术的老师也是非常崇高的！我不知道自己会遇到怎么样的老师。他们可以让人亲近吗？又是谁会来当我的专业老师呢？就在这么猜想着的时候，第一堂课上孟老师走进了我们的教室，老师有着温润儒雅的学者仪态，这仪态是和蔼可亲的。一刹那间，我内心里所有的忐忑和顾虑、陌生感和拘谨感似乎都消失了。老师那亲切的仪容永远留在我的脑海中，使我一下子增强了学习的信心。

孟老师不仅绘画技艺高超，他的教学也是很有办法的，他总是给予我们耐心的讲解和示范，同时还非常的善解人意，总是及时给予我们鼓励，使我们对学习充满信心。记得我刚进美校时对学院派素描技法不太熟悉，总是担心自己画不好。而这时候老师安慰我说："过去接触得不多，没有学过没关系的，你看，在老师眼里这样反而好呢。"我不理解地望着老师。老师看出了我的疑虑，笑着对我说："学过了固然好，但要是学歪了呢？学歪了要矫正过来不是很困难吗？你没学过也有好处呀，一开始就能走正路子。"老师的话一下子使我释然了。现在想来，老师这样说，完全是为了宽慰他的学生，把学生的短处"转化"为长处，就是为了鼓励他的学生。

孟老师不仅能鼓励起大家学习的积极性，更是能抓住教学的关键点启发学生。还记得有一次我在色彩写生时一时找不准颜色，正在独自困扰时孟老师走过来对我说，探索色彩的大调子，捕捉色彩的感觉最要紧——就这么简单的两句话，好像牵住了我学习绘画的牛鼻子，一下子使我茅塞顿开，找到了学习提高的方法。也想起他在课堂上总是反复强调绘画时要注意"整体感觉"，再三地提醒和强调让"整体感觉"这四个字深深地刻在了我们的脑海里，使我们全班同学的绘画能力进步很快，成绩在年级里很突出。后来自己能在追求艺术的道路上越走越顺，真要感谢孟老师教导有方！

课堂上孟老师是一个对我们循循善诱的老师，课余时间孟老师在我们面前又像是一个好兄长。他是一个有生活情趣的人。那时拥有照相机的人不多，而孟老师有一架莱卡相机，他从来不吝惜他的相机和胶卷，总是携带着它给我们拍照，或在韬奋楼前的草地上给全班合影，或是把我们下乡劳动写生期间三三两两的劳动场景和写生场景留影下来，给我们的生活增添了乐趣。有时还会请我们去他家玩，看他的画作，还会给我们讲他的作画心得。孟老师对待我们学生就像是他的儿女一般亲热，也难怪他的儿子常说："我爸爸对待学生比对待我好！"

和孟老师相处久了，就知道老师的胃不好，有胃病。可他还坚持和我们一起到农村写生，和我们一起住在谷仓里，睡泥地稻草铺。记得有一次刚到乡下放好被褥，我们各自拿出带的干粮当午餐吃，就看到坐在对面的老师在非常困难地吞咽着面包。其实他是可以不用下乡的，但为了能随时关照我们的学习和生活，老师不顾农村条件艰苦，和我们同吃同住，这些都让我们深受感动！

后来，我们毕业了。再后来我有机会又回到学校当了一名绘画老师。我再次有机会更近距离地接近孟老师，也就更体会到了老师对人才的爱惜。"文革"中，学校搬至拥挤简陋的天津路校址，除了办过几期工农兵培训班，多年不能正规招生。孟光老师在社会上的名气和影响力是非常大的，那些富有才华的青少年求学无门，就会去寻找孟光老师求教。非常熟悉他们的孟老师常会在办公室给我们推荐一些有绘画才能的青少年的作品，我们也会商讨如何给这些"天才"辅导，以及怎样才能有"出路"等主意。果然，在老师的帮助下，这些小天才后来都考上了各类艺术学校，有的现在已经成为美术圈内的尖子。记得有一年我们看好一个好苗子赵同学，但没想到他报考某校却落榜，大家觉得很可惜，正巧我校要招绘画专业班，我们和孟老师商量后，决定破格录取他。小赵后来也不负众望成了优秀的画家。孟老师就是这样爱"才"有加的。

其实对恩师孟光老师的记忆，我印象最深刻的还是老师家的客厅。

我回到学校当老师时，已经是"文革"后期了。因为十年"文化大革命"的浩劫，教育受到了极大的破坏，我们青年教师想提高业务能力根本找不到发展方向，对世界绘画艺术的发展和变化的信息更谈不上到哪里去获取了。整天能干的无非是翻阅翻阅图书馆里那几本旧版的画册，或者自己埋头画上几笔，练练所谓的基本功了。

孟老师此时身体虚弱，经常在家休息。他家住在思南路77号，那一段时间为了系里的工作，我经常会到孟老师家做汇报。但很快地，我就发现孟老师家的客厅原来是一个"艺术沙龙"啊！在那里你经常会遇到美术圈内的同行同学，大家会热烈地聊些圈内的新闻或是互相交换创作的想法，有时也会把自己的作品带来互相观摩。对于我们这些在求艺之路上无比"干渴"的人来说，孟老师家的客厅，犹如沙漠中的一块绿洲，滋养了我们。后来在国门真正打开之后，孟老师家的客厅更活跃了。那会儿，时不时有从国外回国探亲的朋友，他们会给我们讲些海外美术思潮，甚至带来国外最近流行的画刊之类。印象中有次谁带来了美国著名画家萨金特的画作印刷品，我看后顿觉眼睛一亮、如获至宝，对我后来的创作影响很大。至今，我还非常留恋思南路77号，留恋孟老师家的客厅。

孟光老师为了培养人才，在美术教育的田园里辛勤耕耘，可谓鞠躬尽瘁！今天先生离我们而去，让我们这些孟老师的弟子不忘老师教导：搞艺术要的是一心投入，心纯则悟，悟则灵！愿自己能像先生一样做好艺术，亦做好人！

孟光和美校中专二年级学生在一起

忆孟光老师二三事

周根宝

一拿起笔，脑海中马上便出现了30多年前，初进上海美专的情景。想起了那不乏清苦但又十分欢乐的校园生活，想起和孟光老师在一起的日日夜夜。

我苦苦地搜索着我所知道的有关孟光老师的一点一滴，同时反复地领悟着，为什么孟光老师是那样地受学生们的爱戴？为什么孟光老师在学生中有那么崇高的威望与凝聚力？为什么这种威望与凝聚力还能穿越时空，从20世纪60年代一直延续到如今？

在搜索的过程中，我惊奇地发现，与所有的普通人一样，孟光老师平凡得不能再平凡了。他既没有留下什么有名的格言和壮语，也没有什么轰轰烈烈的救死扶伤事迹，更谈不上有什么显赫的头衔，或者什么过硬的背景和靠山。他只是一个普普通通的美术专业教师，一个普普通通的画家。他一生的全部精力是教学生画素描、画色彩，但他却获得了无数学生的崇敬与爱戴。答案十分简单：孟光老师把他所有的一切，从专业美术知识，到日常生活中的种种，都完全熔化于学生之中了。

不知道大家是否留意过这样一件细小的事情：1960年，我们刚进上海美专时出现过一个令人不解的任命，孟光老师任预科一班的班主任。

按照惯例，担任班主任的大多数是文化课教师，而文化课教师又应该首选政治课老师。但孟光老师作为专业教师，却当了我们班级的班主任，这实在使人感到意外。然而对我们这些学生来说，却觉得万分惊喜。这实在是我们这个班级学生的最大幸运。尽管当初我们并没有深切的体会，做班主任可远比教素描、教速写要难得多。说确切点，是要烦得多。但在孟光老师看来，班主任是处在与同学们最容易沟通的位置。因为他领悟了一个当教师的最根本的道理，既然办学校带学生，那么使每个学生成材，才是最重要的事。

回想当年真是可笑。我在孟光老师的手下充当一名小干部，但是每每碰到一些小麻烦时，总是会在脸上挂出来。有一天，我又被孟老师叫住了。原来，我正为同学张雄桥断粮的事在发愁。

张雄桥从苏州到上海来念书，因为父母不在身边，自幼养成约束不了自己的坏习惯。当然年纪小、不懂事也是原因。毕竟只有十五六岁嘛。但是什么事情都可以凑合，唯有不能安排自己的粮食定量，在粮食十分紧张的当年，实在无法通融。饭票发下来还不到3个星期，他便把1个月的计划吃光了。饭票吃光并不意味着可以不用再吃饭。只见他一到开饭时，就愁眉苦脸地东求西借。但是大家都一样呀！谁都没有余粮可借。他先是向女同学借，因为女生饭量小。后来女同学也躲着他，毕竟小饭量的女生太少，大多数女同学并不比男生吃得少。于是我们这批小干部发愁了，研究来研究去想不出一个妥善的办法。当然孟光老师也没有魔力可以让政府给我们增加定粮,这时只有一个最原始的办法,孟老师就是这个原始办法的带头人。他拿出了自己的饭票,交到我手里,对我说:"拿去吧!叫他下次好好安排。你们长身体,饿不得!"孟老师做出了榜样,其他同学不好意思了。大家你凑二两、他凑半斤。张雄桥感动了,同学们感动了。尽管我们当时年纪那么小,但这点好歹总是懂的。哪怕我们的目光再稚嫩,这种人格上的辉煌亮度,还是辨别得清的。

孟光老师从来没有受过什么当班主任的专业训练,我想他也不会读过什么教育心理学之类的书籍,他只是凭着自己的直觉,凭着一颗赤诚的心,博得了同学们的爱戴与尊敬。

还有一件事发生在1962年6月。

紧缩城市人口的指令雷厉风行地下达到了我们的学校,那些来自农村的同学,自然要被"精简"还乡。在送别回乡同学的聚会上,沈泉平痛哭失声,并扑通一声跪倒在孟光老师的面前。原来,沈泉平来自农村,家境十分清苦,而学美术的费用又是一般家庭难以负担的。尽管对特别困难的同学,学校有每月8—12元不等的困难补助,但是仍远远抵不住日常的开销。直到这次送别会我们才第一次知道,孟光老师不但经常送纸、送铅笔、送颜料给一些贫苦学生,而且还经常从自己十分菲薄的工资中,抽出一点钱帮助沈泉平。沈泉平哭着说:"孟老师,我走了,我对不起你,我不能再学画了……"这是那个年代的悲剧,又有谁能有回天之力呢?沈泉平走了,徐宝兴走了,还有沈志权、严兴根等等,这些被誉为"中国革命的支柱"的贫下中农的后代,都回农村继续种地去了。但是他们并没有忘记学校,没有忘记孟光老师的教导,以后一边务农一边画画,始终不渝地把美术作为自己终身追求的目标。

现在细细想来,原来孟光老师与我们学生之间,一直有着天然的联系。同学中五花八门的事情,他都了解得非常清楚。

大约是在1962年的暑假,我们当时已经从陕西北路搬到了韬奋楼。孟老师拉着我,冒着酷暑去远离市中心的控江新村郭倩如同学的家中进行家访。不知怎么搞的,孟老师知道郭倩如最近一段时间心情不好,情绪低沉。只听到孟老师苦口婆心地劝慰她。有些话一听就懂,比如说,郭倩如你很有天分,专业上的前途不可估量。但有些话我当时也似懂非懂,只知道当时的郭倩如破涕为笑了。本来一颗充满忧虑的少女之心,在孟老师涓涓清流的灌溉下,终于舒展了开来。事后,郭倩如曾对我说,她一辈子都不会忘记这件事。事实上正如此,郭倩如后来虽然定居香港,但每次回上海,第一件事便是去思南路77号,看望我们敬爱的孟光老师。

是啊,思南路77号,竟然成为我们告别母校后同学聚会的活动中心。

在漫长的岁月中,不论是我们老同学,还是后来的新同学,大家每逢假日,都会不约而同地走到这里来。在这里,我们探讨美术专业的技巧,交换各种业务信息,自然也倾吐自己在谈恋爱中的甜酸苦辣,生活道路上的各种波折,甚至可以骂骂人、发发牢骚。大家知道,在孟光老师面前,可以彻底袒露心扉。因为,孟老师太了解他的这些从拖鼻涕时代开始便亲手传带的学生了。

孟光老师和我们永别了。

我们失去的不只是一位受人尊敬爱戴的师长,更主要的是失去了我们这一代的中心。但是,这一切是无可挽回的。我们除了祈祷上帝,保佑孟光老师的在天之灵外,别无他法。

1963年,孟光带美专预科同学在苏州光福深入生活(前穿淡色大衣者为孟光)

第五章　艺术年表

孟光早年家族照

上海市美术专科学校60级学生毕业照 三排右十为孟光

1921 年	1921 年 9 月生。汉族，江苏常州人。
1940 年	就学于上海美术专科学校。因抗战爆发投笔从戎，到苏北参加新四军。
1941 年	加入中国共产党。在新四军一师一旅服务团工作。任美术组组长。
1943 年春	服从组织安排，回到敌占区上海，继续敌后工作。
1949 年起	任常州美协主席兼文联秘书长。
1952 年起	在上海从事专业美术创作和进行美术基础教育。创办名为"集体美术研究室"的画室。
1959 年起	在上海市美术学校工作。
1979 年	任上海美校副校长。
1983 年	任教于上海大学美术学院。在上海交通大学范绪箕校长支持下，在理工科大学首创设立艺术学科，并担任文学艺术办公室主任，这期间兼任上海师大艺术系副主任，上海科学技术大学艺术院院长等职。
1984 年	任上海市第三次文代会代表。
1985 年 8 月—9 月中旬	访问美国。
1994 年	于美国密尔布瑞市南海艺术中心参加联展。
1995 年	被市政府聘为上海市文史研究馆馆员。
1996 年 3 月 1 日	于上海瑞金医院逝世，留存的主要作品有：《鲁迅与李大钊》（鲁迅纪念馆藏）、《归航》（中国人民解放军军史博物馆藏）、《荷》（上海美术馆藏）、《锻工》、《素描》（教育影片编导）、《孟光画选》（出版物）。

孟光创作《海魂》一画时所用的模特儿照片

孟光的早期创作

作品图版

素描作品

油画作品

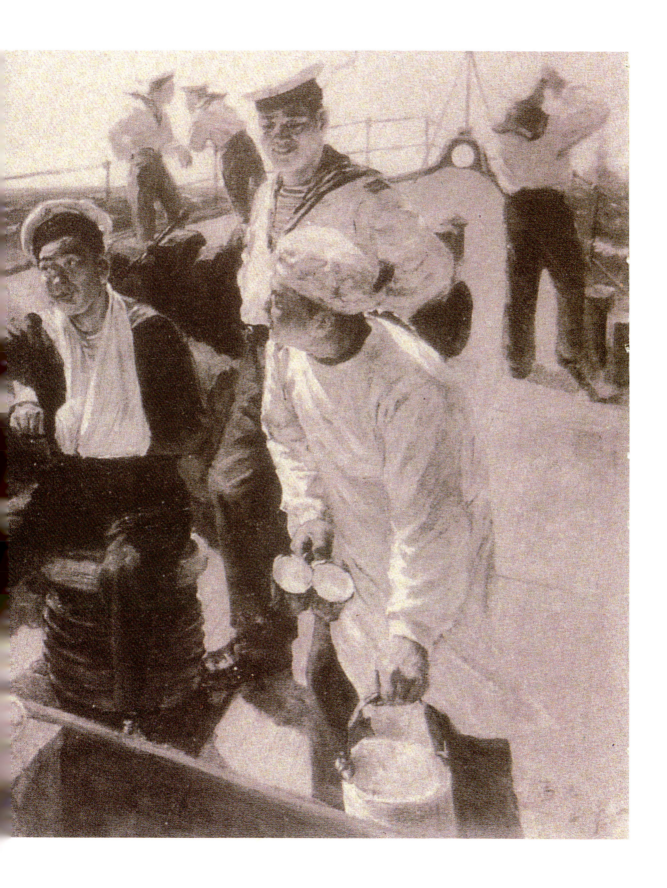

后记

"上美·足迹"系列丛书采用个案研究的方式,通过对在上海大学美术学院发展历史中具有代表性的美术教育家的访谈采写,记载留存上海美术教育的鲜活的一手史料,同时搜集整理教育家的作品、文章、评论等文献,总结大师们的艺术创作与教育经历。2014年,这套丛书经上海大学美术学院学术委员会以及学院领导班子的集体讨论决定,予以项目立项,并获得上海大学"美术学"高峰建设项目的经费资助。美院史论系、设计系的师生们予以本项目大力支持。史论系李超教授、设计系董卫星教授、杜士英教授都亲力亲为地给予了各种指导与帮助。

该系列丛书通过回顾20世纪下半叶美术教育的历史,展望上海美术教育前景,为上海老一辈美术教育者著书立传,梳理前辈教育理念,以继承传统、前瞻未来。出版该丛书的意义,在于光大海派美术教育理念,服务上海美术教育的学科建设,为后来者建立可资借鉴的精神风范,树立从艺与治学的典范楷模。

编辑本书时,孟光先生已经仙逝,我们无缘与艺术前辈直接交流,只能通过孟光先生的朋友、学生、家人的回忆进行追记。他们目前都工作和生活在世界各地,因为这本书,再一次在思想的空间中相聚。本书的成型,首先,要感谢王劼音老师和陈志强先生给予的最大的帮助,如果没有两位艺术家、学者的指导,字斟句酌地修改,把关,如探案般辨识久已模糊的照片,不辞辛苦地联系各位供稿人,甚至发掘孟先生的文字、作品,这本书恐怕尚在空中楼阁阶段。其次,也要感谢许承兴老师为完成此书不遗余力地给予了极大的支持和帮助。另外,还要感谢孟先生的子女、朋友和学生,是他们对孟先生的深情、追忆、怀念促成《上美·足迹 孟光》一书最终画上圆满句号。刘向娟老师是本书的主编,她带领学生整理孟光先生的教学手稿,访美笔记,在泛黄斑驳的笔记中,一字一句地领会、识读、理解他的艺术思想,并将它们录入编辑成文。

团队成员中,安平、杨柳、余思雨等协助整理了大量材料,并负责书稿最后的校对工作。佟玥同学主要负责本书的版式和整体装帧设计。狄星皓同学协调书籍编辑出版印刷环节。他们在王劼音及陈志强老师的指导下,多次沟通,并修改细节,在此一并感谢同学们的认真与配合。

为了将艺术家的艺术人生、教育教学成果完整地记录下来,本套丛书在编写过程中引用了部分专家学者对于艺术家的研究文章,在此一并致以最诚挚的感谢。

每一位团队成员都孜孜矻矻、勤勤恳恳地对待书稿编排中的每一个细节,使得本书能顺利付梓。这套"上美·足迹"丛书对于保存20世纪以来上海美术教育的历史,传承与发扬上海美术教育的成果,具有非常重要的意义。

李薇

2020年3月

图书在版编目(CIP)数据

上美足迹. 孟光 / 刘向娟主编. --上海: 上海大学出版社, 2020.4
ISBN 978-7-5671-3810-0

Ⅰ.①上… Ⅱ.①刘… Ⅲ.①孟光—生平事迹②孟光–油画–绘画评论–文集 Ⅳ.①K825.72②J-53

中国版本图书馆CIP数据核字(2020)第058623号

总 策 划　汪大伟
图版作者　孟　光
主　　编　刘向娟
编辑团队　安　平　杨　柳　余思雨
装帧设计　杜士英　佟　玥
版面编排　佟　玥
项目统筹　李　薇

责任编辑　柯国富
技术编辑　金　鑫　钱宇坤

书　　名	上美·足迹 孟光
主　　编	刘向娟
出版发行	上海大学出版社
社　　址	上海市上大路99号
邮政编码	200444
网　　址	www.shupress.cn
发行热线	021-66135112
出 版 人	戴骏豪
印　　刷	上海新艺印刷有限公司
经　　销	各地新华书店
开　　本	635mm×965mm 1/8
印　　张	19.5
字　　数	390千
版　　次	2020年4月第1版
印　　次	2020年4月第1次
书　　号	ISBN 978-7-5671-3810-0/K·210
定　　价	220.00元